Sören Anders, geb. 1985 in Haiger, war mit 24 Jahren jüngster Sternekoch Deutschlands. Nach Ausbildung im Westerwald arbeitete er bei Jörg Sackmann, Helmut Thieltges und Thomas Bühner. Mit Bestnoten schloss er die Meisterschule in Heidelberg ab. In TV-Shows wie „ARD Buffet", für den SWR „Kaffee oder Tee" sowie „Leibspeise mal Anders", „ZDF Fernsehgarten" oder der eigenen Sendung „Kochen mal Anders" bei Baden TV zeigt er sein Können als Entertainer. Er kocht für die Stiftungsgala „Menschen für Afrika" und engagiert sich u. a. ehrenamtlich für die „Roten Nasen", „Junior Slow Mobil", „Tischlein Deck dich" und „Hänsel und Gretel". Seit 2012 dirigiert er in Karlsruhe auf dem Durlacher Turmberg eine überaus passionierte Koch-Brigade.

søren anders®

WILD
KOCHBUCH

Fotografien von Thomas Rebel

LINDEMANNS BIBLIOTHEK

ᘓℬ

SÖREN TRIFFT WILD von Johannes Hucke* 13

VORSPEISEN & ZWISCHENGERICHTE............................ 15

WILDARTEN*.. 19

JAGDARTEN*.. 39

HAUPTGERICHTE 49

VON BEUTE ZU JÄGER.*
EINE (SEHR) KURZE GESCHICHTE DER JAGD................ 51

JAGD-KUNST*...57

JÄGER-ROMANTIK*... 61

DIE HALTBARSTEN VORURTEILE* 77

SÖRENS JAGDGESCHICHTEN* Teil 1 87

SÖRENS JAGDGESCHICHTEN* Teil 2............................. 99

SÖRENS JAGDGESCHICHTEN* Teil 3............................113

WILD UND WEIN*.. 129

DESSERTS 143

KLEINE WILDKUNDE von Christine Weiland 161

JÄGERSPRACHE*... 169

WILDKRÄUTER von Christine Weiland.................................. 177

KÜCHENLATEIN.. 183

AN DER GRENZE VON WALD UND EBENE* 187

WILDER DANK 189

INDEX 190

← ← WILDSCHWEINBURGER S. 104

VORSPEISEN ZWISCHENGERICHTE

Rehleberknödel, Rehessenz 16

Rotkohlsuppe, Taubensticks 20

Wildschweinschinken 22

Rehterrine, Cumberlandsauce,
Wildkräutersalat 24

Fasanenbrust,
Maronenschaum, Brotchips 28

„Leipziger Allerlei" vom
Fasan, Nussbutterpüree 30

Gebratene Rehleber,
Süßkartoffelpüree, Pilze,
Lakritzsoße, Brotchips 32

Taubenbrust, roter und
weißer Chicoree 34

Taubenfüße in Estragon,
Blumenkohl, Sauce Béarnaise 36

Fasanenbrust, Nussbutter-
püree, Champagnerkraut,
Trauben 40

Taube „Berliner Art",
Taubensticks, Apfelgel,
Schalottenmarmelade 44

HAUPTGERICHTE

Wildbratwurst, Specksauer-
kraut, Nussbutterpüree 52

Hirschrouladen, Rotkraut,
Bratkartoffelpüree 54

Hirschgulasch, Speckknödel,
Portweinbirnen 58

Hirschkalbsschnitzel, Salate 62

Hirschrücken, Dörrobst-
chutney, Pistaziennocken............ 66

Rehherzgulasch, Sellerie-Birnenschaum, Portweinbirnen 68

Rehmaultaschen, Salate 72

Spaghetti mit Rehbolognese 78

Rehnuss, Pflaumenknödel,
eingelegte Pflaumen 80

Rehrücken, Petersilienpüree,
Grießnocken, Zitronengel,
Zitronenmayo................................... 82

Damhirschnacken, Pickles, Eigelbcreme, Senfssaat-Vinaigrette 88

Saure Nierchen vom
Damhirsch, Nussbutterpüree 92

CB

Sauerbraten von der Gams,
Wirsing, Kartoffelknödel 94

Muffelrücken, Aubergine,
Kirschtomaten.................................100

Wildschweinleberspieße............ 102

Wildschweinburger, Schalottenmarmelade, BBQ-Sauce............. 104

Wildschweinhaxen,
Maisküchlein.................................. 106

Wildschweinkeule,
Spargel, Quittenchutney 108

Wildschweinrollbraten,
Spitzkohlsalat.................................114

Wildschweinrücken,
BBQ-Sauce 116

Wildschwein-Spareribs,
Backkartoffel..................................118

Hasenkeule, Bulgursalat............. 120

Hasenpfeffer,
Haselnussspätzle............................122

Kaninchencurry, Couscous,
Naan Brot, Joghurtdip 124

Kaninchengalantine,
Rahmkohlrabi, Schupfnudeln 126

Wildentenbrust, Polenta,
Rote Bete.. 130

Wildentenkeule,
Berglinsen, Joghurt 134

DESSERTS

Apfel-Streusel-Kuchen,
Vanilleeis...144

Birnen-Schoko-Kuchen...............146

Rhabarber, Sauerampfereis,
Blütenpollencreme,
Schokogel 148

Grießflammerie,
Beerenragout 150

Rehrücken-Kuchen 152

Topfenknödel, Nussbutter-
creme, Beerensorbet,
Preiselbeerragout 154

Wildfond 136
Wildsoße...136
Gewürzsalz..138
Wildgewürz 140

Aufgesetzter....................................156
Limonaden aus Rhabarber,
Zitrone, Blutorange 158

Kleine Hinweise vorweg: Die Rezepte sind, wenn nicht anders angegeben, für vier Personen gedacht. Die Angaben zu Garzeiten und Temperaturen sind Circa-Angaben; sie variieren je nach Ofenart, Erhitzungsverfahren und Fleischgröße. Ein Küchenthermometer ist auch für Hobbyköche eine tolle Anschaffung. Wir verwenden Umluft, es sei denn, es ist anders vermerkt. Die Kräuter zum Garnieren sind nicht zu jeder Jahreszeit ohne Weiteres erhältlich. Verwenden Sie daher nach Herzenslust, was saisonal verfügbar ist. Zuletzt: Die Zubereitung mancher Rezepte dauert länger, die Vorbereitung beginnt hie und da zwei bis drei Tage zuvor. Die Rezepte daher erst komplett lesen, dann loslegen.

Für manches Rezept bedarf es Fleisch, das nicht überall und nicht täglich zu haben ist. Daher: anfragen und vorbestellen. Haben Sie einen Jäger im Bekanntenkreis? Perfekt. Falls nein, der Metzger Ihres Vertrauens ist dafür stets eine gute Adresse. Regional einkaufen ist wichtig, damit der Einzelhandel um die Ecke auch um die Ecke bleibt und nicht um selbige gebracht wird. Das klappt aber nicht bei allem. Manche Gewürzmischungen machen wir selbst, andere mit dem **Senfatelier** in meiner Heimatstadt (Hauptstr. 50, 35708 Haiger, www.senfatelier.de). Unser Fleisch beziehen wir meist bei der Metzgerei **Bernd Glasstetter** (Brunnenstr. 2, 76316 Malsch-Völkersbach, www.metzgereiglasstetter.de) oder in der **Pfälzer Markthalle** (Ferdinand-Porsche-Str. 13, 67269 Grünstadt, www.pfaelzer-markthalle.de).

Sören trifft Wild

Du willst Fleisch essen, gutes Fleisch, auf keinen Fall und niemals wieder dieses minderwertige Agrar-Industrieprodukt zu 2,77 Euro pro Kilo, unter Qualen erzeugt, um Qualen zu erzeugen. Das Tier soll „artgerecht" gelebt haben, am besten in einer Herde mit Mutterkuh aufgewachsen, selbstverständlich im Freien, am allerbesten „Bio". Es soll so frisch sein wie möglich, aus heimischer Erzeugung und gesund bis in die letzte Faser. Nach einem glücklichen Leben möge es sogleich von Fachleuten verarbeitet und nach kurzem Transportweg zubereitet werden zu einer vollendeten Köstlichkeit. Folgst du dieser Logik, landest du zweifellos beim Wild. Naturnah – artgerecht – ökologisch – Wild: Diese Steigerung ist selbsterklärend. Mehr Bio geht eigentlich nicht.

Jahrhundertelang genossen nur Adelige, Jäger und ein paar abgefeimte Gourmets diesen Luxus. (Und Wilderer!) Wild im Handel war immer rar. Vielleicht hatte der Eierstand auf dem Markt zweimal jährlich einen Fasan neben den Spätzle liegen, ein einziger Feinkostladen in der Stadt führte ab und zu Wildhase, und vielleicht kannte der Schwager eines Kollegen jemanden, der zu Weihnachten Reh besorgen konnte. Inzwischen haben längst nicht nur

Sternerestaurants mehrere Stunden bei 50 Grad sous-vide-gegartes Rehfilet auf der Karte, das Angebot in Spezialgeschäften und auf Wochenmärkten wächst beständig. Gab es Hirschgulasch mit Preiselbeeren und Knödeln früher höchstens in der Jagdhauptsaison um Allerheiligen, zieht es die Hipster unter den Koch-Fuzzis längst zu weitaus Gewagterem, ob es sich um exotische Kombinationen wie Wildkaninchen in Kokos-Mango-Curry oder gleich Bison-, Zebra- oder Känguru-Spezialitäten handelt. Trendige Kochzeitschriften raten zu Krokodil, Fernsehköche bringen in ihren Töpfen den letzten Tasmanischen Teufel zur Strecke.

Wir machen das anders. Es gibt so wundervolle Erzeugnisse aus heimischer Jagd und die Geschmacksvielfalt ist so groß, da können wir getrost im Lande bleiben. Sören Anders berät uns dabei, ausführlich und inspirierend.

Wild aus Zucht muss übrigens auch so benannt werden. Aber das ist wieder ein anderes Thema.

Vorspeisen
Zwischengerichte

REHLEBERKNÖDEL,
REHESSENZ

Rehessenz Den Backofen auf 200° Grad Ober-Unterhitze vorheizen. Die Fleischknochen auf ein Backblech geben und ca. 30 Min. im Ofen rösten.

In der Zwischenzeit Zwiebel und Karotte schälen und grob würfeln. Staudensellerie putzen, waschen und ebenfalls grob würfeln. In einem Schmortopf Öl erhitzen und die Gemüsewürfel anrösten. Das Tomatenmark zugeben und kurz mit anrösten. Lorbeerblatt, Wacholderbeeren, Piment- und Pfefferkörner zugeben und mit Portwein ablöschen. Rotwein angießen und die gerösteten Knochen aus dem Ofen ebenfalls zugeben. Mit dem Fleischfond auffüllen und ca. 2 Std. ganz leicht simmern lassen. Dann alles durch ein Sieb passieren und den Fond erkalten lassen.

Klärmasse Karotten, Knollensellerie und Lauch putzen und sehr fein würfeln. Rehhaxenfleisch durch den Fleischwolf drehen. Eiweiß und 1 Prise Salz leicht anschlagen und mit dem Rehhack und den Gemüsewürfeln verkneten.

Die Klärmasse sorgfältig in den kalten Fond rühren. Dann alles langsam erhitzen, dabei mehrfach am Topfboden entlang rühren. Sobald der Fond kocht, nicht mehr rühren und 2 Minuten kochen lassen. Herd ausschalten und 1 Std. ziehen lassen. Ein fester Fleischkuchen schwimmt dann an der Oberfläche. Ein kleines Loch in die Mitte stechen, damit Hitze entweichen und Trübstoffe aufsteigen können. Dann die Essenz vorsichtig durch ein mit einem nassen (damit sich das Tuch nicht mit der Essenz vollsaugt) Passiertuch ausgelegten Sieb in einen anderen Topf schöpfen. Der Klärkuchen kann entsorgt werden, er hat allen Geschmack an die Essenz abgegeben.

BITTE UMBLÄTTERN →→

Rehessenz
300 g Rehknochen
1 Zwiebel
1 Karotte
2 Stangen Staudensellerie
2 EL Speiseöl
1 EL Tomatenmark
1 Lorbeerblatt
2 Wacholderbeeren
1 Pimentkorn
5 schwarze Pfefferkörner
175 ml roter Portwein
250 ml Rotwein
1,25 l Wildfond oder Wasser
(Fond siehe Grundrezept S. 136)

Klärmasse
30 g Karotten
30 g Knollensellerie
30 g Lauch
300 g Rehhaxenfleisch
(Wer keinen Fleischwolf besitzt, bestellt es beim Wildhändler vor.)
2 Eiweiß
Salz

REHLEBERKNÖDEL, REHESSENZ

Leberklößchen Das Weißbrot in 1 cm große Würfel schneiden. Die Milch aufkochen und über die Brötchenwürfel gießen. Die Zwiebel schälen, fein schneiden. Butter in einer Pfanne erhitzen, Zwiebel darin anbraten, bis fast alle Flüssigkeit verdampft ist, Wildgewürz unterrühren und etwas abkühlen lassen. Das Ei trennen. Eiweiß steif schlagen. Die Leber pürieren. Angeschwitzte Zwiebeln mit Eigelb und pürierter Leber zu den eingeweichten Brotwürfeln geben, alles gut verkneten, mit Salz und Pfeffer abschmecken. (Sollte die Masse zu weich sein, evtl. 1–2 EL Semmelbrösel unterheben.) Das Eiweiß unterheben und die Masse ca. 45 Min. ruhen lassen.

Einen Topf mit Salzwasser aufkochen. Mit bemehlten Händen aus der Lebermasse kleine Klößchen formen und diese in dem leicht kochenden Salzwasser garen, bis sie oben schwimmen. Mit einer Schaumkelle herausheben und gut abtropfen lassen.

Gemüseperlen Karotte und Sellerie schälen und mit einem kleinen Kugelausstecher Gemüseperlen ausstechen. Die Perlen 3 Min. in kochendem Salzwasser blanchieren, herausnehmen, eiskalt abschrecken und abtropfen lassen.

Die Essenz wieder erhitzen, mit Madeira, Sherry und evtl. Salz abschmecken. Leberklößchen und Gemüseperlen darin erwärmen.

Schnittlauch abbrausen, trocken schütteln und fein schneiden. Suppe mit Gemüseperlen und Klößchen anrichten, mit Schnittlauch bestreut servieren.

Leberklößchen
100 g altbackenes Weißbrot oder Brötchen
50 ml Milch
1 Zwiebel
1 EL Butter
1 TL Wildgewürz, siehe Grundrezept S. 140
1 Ei
125 g Rehleber, püriert
Salz, Pfeffer aus der Mühle
Semmelbrösel
Mehl zum Formen der Klößchen

Gemüseperlen
1 Karotte
1/2 Knollensellerie

1 Spritzer Madeira
1 Spritzer Sherry
1 Bund Schnittlauch

WILDARTEN

Schon die begriffliche Unterscheidung verlangt uns einiges ab: Wildtiere sind kein Wild. (Hä?) Denn so (also Wild) wird nur genannt, was für die Jagd in Frage kommt. Und das wäre? Langsam, wir müssen ein bisschen ausholen. Fangen wir beim *Haarwild* an. Dieses hat – richtig! – Haare. *Federwild*, so folgern wir ebenso schlau, zeichnet sich durch sein mehr oder weniger schmuckes Federkleid aus. Kommen wir zum *Schalenwild*: Gleich vorweg, im Jägerlatein heißen Klauen Schalen. Aha! Gemeint sind also Paarhufer, sprich Hornträger (keine Wikinger!), Geweihträger und Schwarzwild. Letzteres kennen wir vor allem in Form des ebenso vermehrungsfröhlichen wie schmackhaften Wildschweins.

Warum auch immer, das Rehwild hat es nie geschafft, zum *Hochwild* aufzuschließen. Es ward dem Niederwild zugeschlagen, wohingegen alles andere Schalenwild für die Hohe Jagd vorgesehen ist, also etwa Damwild, Rotwild und Elch, aber auch Gams, Muffel, Steinwild oder Wisent.

In alten Tagen, als man in Europa noch wusste, wer was zu sagen hat und wer nicht, zählten auch der naschhafte Bär, der schlaue Luchs und der verliebte Kranich zum Hochwild.

Niederwild nun, wir ahnen es bereits, bezeichnet allerlei verhuschtes Volk wie Hasen und Kaninchen, Hermeline oder Dachse. Wenn wir jetzt noch so gewitzt sind, das *Raubwild* nicht zu vergessen, haben wir schon allerhand zur Definition beigetragen. Nicht zu glauben, zum Raubwild gehören sogar Kolkraben, Greifvögel, aber eben auch Raubtiere, die in Hunde- und Katzenartige zerfallen. Fuchs, Marder, Wolf und andere wurden in der Vergangenheit durchaus auch kulinarisch oder zumindest für quasimagische Rituale verwendet.

Jetzt sind wir schon fast zu weit gegangen, denn es gibt zahlreiche Überschneidungen, womit Nicht-Biologen überfordert sind. (Nehmen wir Reineke Fuchs, der sich erdreistet, nicht nur dem Raub-, sondern auch noch dem Nieder- und zusätzlich dem Haarwild zuzugehören.) – Kümmern wir uns lieber darum, wie man der Tierchen habhaft wird. Richtig, durchs Jagen. SIEHE DAZU S. 39

Rotkohlsuppe,
Taubensticks

Rotkohlsuppe Rotkohl vierteln, Strunk und harte äußere Blätter entfernen. Viertel in feine Streifen hobeln und in eine große Schüssel geben. Mit Salz und Zucker so lange mit den Händen durchkneten, bis die Kohlstreifen weich werden. Die Gewürze in einen Teebeutel geben, so lassen sie sich leichter wieder entfernen. Wein, Saft, Essig und Gewürze zufügen, gut vermischen und die Schüssel abgedeckt für 3 Tage in den Kühlschrank stellen. Rotkohl abgießen, Marinade dabei auffangen und den Teebeutel mit den Gewürzen herausnehmen. Rotkohl in den Entsafter geben. Den Saft mit der Hälfte der Marinadenflüssigkeit auf ca. 1 l einkochen. Zum Schluss mit der in 2 EL Marinadenflüssigkeit angerührten Speisestärke abbinden und noch einmal mit Salz, Pfeffer und evtl. Zucker abschmecken.

Taubensticks Die ausgelöste Taubenbrust ohne Haut in kleine Würfel schneiden und 20 Min. anfrieren. Dann in der Küchenmaschine mit Sahne, Wildgewürz, Majoranblättchen, Portwein, Salz und Pfeffer zu einer glatten Farce verarbeiten. 600 ml Öl in einem kleinen Topf auf 120 °C erhitzen. (Das Confieröl kann mehrfach benutzt werden. Kühl aufbewaren.) Beine und Flügel hineinlegen. Den Topf verschlossen für 2 Std. bei 120 °C in den Ofen stellen. Nach einer Std. die Innereien dazugeben und mitgaren. Fleisch und Innereien herausnehmen, gut abtropfen und etwas abkühlen lassen. Beine und Flügel von Haut und Knochen befreien und das Fleisch samt den Innereien in sehr kleine Würfel schneiden. Leicht mit Salz und Pfeffer würzen und unter die Farce mischen.

Frühlingsrollenblätter auf der Arbeitsfläche verteilen. Auf jedes Blatt im unteren Drittel 1–2 EL der Füllung als Streifen geben, dabei einen Rand freilassen. Ränder links und rechts einschlagen und Blätter zu Röllchen eindrehen. Eiweiß mit einer Gabel verschlagen, Nahtstellen damit bepinseln und fest andrücken. Röllchen für 10 Min. ins Gefrierfach legen, dann restliches Öl auf 160 °C im Topf erhitzen und Röllchen darin knusprig ausbacken.

Rotkohlsuppe in tiefe Teller geben, einen Klacks glatt gerührten Joghurt darauf geben und die Taubensticks separat dazu servieren.

Rotkohlsuppe
1 kleiner Kopf Rotkohl
½ EL Salz
2 EL Zucker
1 EL Wildgewürz,
siehe Grundrezept S. 140
1 Stange Zimt
3 Sternanis
3 Stück Langer Pfeffer
Teebeutel für die Gewürze
1 l Rotwein
1 l Apfelsaft
20 ml Himbeeressig
1 TL Speisestärke
150 g Vollmilchjoghurt

Taubensticks
1 Taube, zerteilt in Brüste, Beine,
Flügel und Innereien nach Wunsch
(Leber, Magen, Herz)
150 ml Sahne
2 TL Wildgewürz,
siehe Grundrezept S. 140
2 Stiele Majoran,
Blättchen abgezupft
2 EL Portwein
Salz
Pfeffer
1 l Sonneblumenöl
16 Frühlingsrollenblätter
(aus dem Asialaden)
1 Eiweiß

WILDSCHWEINSCHINKEN

Alle Gewürze gut miteinander vermengen und die Keule rundherum damit einreiben. Alles in einen großen Gefrierbeutel geben, verschließen und vakuumieren. 10 Tage lang im Kühlschrank durchziehen lassen, dabei den Beutel täglich wenden. Die Keule herausnehmen, abreiben und in eine Schüssel mit frischem kalten Wasser legen. Einen Tag lang im Kühlschrank wässern. Dann einen weiteren Tag an einem kühlen und luftigen Ort zum Trocknen aufhängen.

Um einen wirklich tollen Schinken zu bekommen, sollte er jetzt 5 Tage lang kalt über Buchenspäne geräuchert werden. Das geht am besten, wenn man ihn dafür einem Metzger seines Vertrauens überlässt, der noch nach traditioneller Art selbst räuchert.

Wer über einen Gartengrill mit Smoker verfügt, kann den Schinken natürlich auch selbst räuchern. Heiß geräuchert wird er nur nicht ganz so zart.

1 kg Wildschweinkeule
50 g Pökelsalz
10 g Rohrzucker
2 Lorbeerblätter
1 Zehe Knoblauch, angedrückt
3 Wacholderbeeren, zerdrückt
3 g Koriandersaat, gemahlen
5 g schwarzer Pfeffer,
grob geschrotet
3 g Pimentkörner, grob geschrotet
1 Sternanis
4 g Muskatblüte (Macis)

Rehterrine
Cumberlandsauce,
Wildkräutersalat

Rehterrine Portwein mit Wacholderbeeren, Sternanis und Lorbeerblatt in einen Topf geben und auf etwa 1/3 einkochen, Gewürze entfernen. Rehfleisch zusammen mit der Sahne und der Portweinreduktion durch die feine Scheibe des Fleischwolfs drehen. Nüsse, Trockenfrüchte und Berbere unter die Farce rühren, mit Salz und Pfeffer abschmecken.

Das Rehfilet kurz im heißen Öl von allen Seiten anbraten.

Die Terrinenform überlappend mit dem Speck auskleiden. Die Hälfte der Farce einfüllen, das Rehfilet längs aufschneiden, je nach Größe evtl. halbieren, mittig darauf legen und mit der restlichen Farce bedecken. Den Speck über der Farce zusammenklappen. Form mit Backpapier abdecken.

4 Tassen kochendes Wasser auf ein tiefes Backblech gießen, die Form darauf setzen und die Terrine bei 100 °C im Backofen gar ziehen lassen. Nach 30 Min. mit einem Fleischthermometer die Kerntemperatur messen. Bei 60 °C ist die Terrine gar. Auskühlen lassen, vorsichtig aus der Form stürzen und in 3 cm dicke Scheiben schneiden.

Brioche Milch, Zucker, Hefe mischen und leicht erwärmen. Etwa 60 Min. gehen lassen. Eier, Eigelb und Mehl hinzufügen und ca. 10 Min. kneten. Die kalte Butter in Flöckchen einarbeiten und das Salz hinzugeben. 1 Std. gehen lassen.

Teig nochmals durchkneten, in acht gleich große Kugeln formen und in zwei gefettete Kastenformen nebeneinander legen. Danach die Brioche nochmals ca. 1 Std. gehen lassen, bis sie die Kante der Kastenform erreicht hat.

Ofen auf 140 °C vorheizen, Brioche ca. 40 Min. backen. Nach dem Auskühlen aus der Form stürzen und in Scheiben schneiden.

Rehterrine
100 ml Portwein
3 Wacholderbeeren
1 Sternanis
1 Lorbeerblatt
250 g Rehfleisch
(Wer keinen Fleischwolf hat, bestellt Rehhack beim Wildhändler.)
120 ml Sahne
1 EL Pistazien, gehackt
1 EL Walnüsse, gehackt
2 getr. Softaprikosen, fein geschnitten
3 getr. Softpflaumen, fein geschnitten
2 TL Berbere, afrikanische Gewürzmischung
Salz
Pfeffer
100 g Rehfilet
1 EL Rapsöl
250 g fetter Speck in dünnen Scheiben
1 dreieckige Terrinenform

Brioche
60 ml Milch, lauwarm
40 g Zucker
30 g Hefe
5 Eier
1 Eigelb
500 g Mehl und evtl. Mehl zum arbeiten
300 g Butter
1 TL Salz

BITTE UMBLÄTTERN →→

Rehterrine, Brioche, Cumberlandsauce, Wildkräutersalat

Cumberlandsauce Die Schalotte pellen und grob zerkleinern. Von der Orange die Hälfte der Schale mit einem Zestenreißer abziehen. 6 EL Orangensaft mit Schalotte, Orangenschale und dem Rotwein in einen kleinen Topf geben und 5 Min. sanft köcheln. Durch ein Sieb in eine Schüssel gießen und mit den restlichen Zutaten zu einer glatten Sauce verrühren. Zum Schluss mit Salz abschmecken.

Wildkräutersalat Wildkräuter waschen und trocken schütteln. Zutaten für die Vinaigrette in ein Schraubglas geben und kräftig schütteln, zum Schluss mit Salz und Pfeffer abschmecken. Wildkräuter erst zum Anrichten vorsichtig mit der Vinaigrette mischen.

Eine Scheibe Rehterrine auf einen Teller setzen, Wildkräutersalat daneben anrichten, Cumberlandsauce drumherum träufeln und die Brioche dazu servieren.

Cumberlandsauce
1 Schalotte
1 Blutorange (bio)
3 EL Rotwein
120 g schwarzes Johannisbeergelee
2 TL Dijonsenf
2 EL Portwein
Salz

Wildkräutersalat
150 g Wildkräuter, nach Marktangebot
2 EL Himbeeressig
2 EL Geflügelfond (aus dem Glas)
6 EL Olivenöl
1 TL körniger Senf
1 TL fl. Honig
Salz, Pfeffer zum Abschmecken

FASANENBRUST, MARONENSCHAUM, BROTCHIPS

Fasanenbrust Ofen auf 140 °C vorheizen. Fasanenbrust mit 1 EL Öl bepinseln und auf einem Backblech 20 Min. garen. Herausnehmen, mit Salz und Pfeffer würzen und in restlichem heißen Öl zusammen mit der Butter in einer Pfanne von beiden Seiten braun anbraten.

Brotchips Das Brot im Tiefkühler 10 Min. anfrieren, dann auf einer Aufschnittmaschine sehr dünn aufschneiden und mit einem runden Ausstecher ausstechen. Die Scheiben auf ein mit Backpapier belegtes Blech geben, mit Öl beträufeln und mit etwas Fleur de Sel bestreuen. Zusammen mit der Fasanenbrust 20 Min. bei 140 °C im Ofen backen.

Maronenschaum Butter in einem Topf zerlassen und die Schalotten darin hellgelb anschwitzen. 400 g Maronen, Wildgewürz und Thymian zufügen und unterrühren. Mit Portwein ablöschen und etwas einkochen lassen. Dann mit Geflügelfond, Milch und Sahne auffüllen und 20 Min. köcheln lassen. Thymian entfernen, Preiselbeeren unterrühren und die Suppe fein pürieren. Durch ein Sieb in einen anderen Topf passieren, zum Schluss mit Salz, Pfeffer und Balsamico abschmecken. Restliche Maronen grob hacken.

Fasanenbrüste schräg in Scheiben schneiden und je eine halbe Brust in einen tiefen Teller geben. Brotchips, gehackte Maronen, Kräuterblättchen und Blüten darüber geben und den Maronenschaum von der Seite angießen.

Fasanenbrust
2 Fasanenbrüste
2 EL Öl
Salz
Pfeffer
1 EL Butter

Brotchips
100 g Graubrot
1 EL Olivenöl
Fleur de Sel

Maronenschaum
2 EL Butter
3 Schalotten, fein gewürfelt
450 g Maronen, vorgekocht und vakuumiert
1 EL Wildgewürz, siehe Grundrezept S. 140
2 Zweige Thymian
100 ml roter Portwein
500 ml Geflügelfond
100 ml Milch
100 ml Sahne
1 EL Preiselbeeren, aus dem Glas
Salz
Pfeffer
30 ml dunkler Balsamicoessig

ein paar Blättchen Spitzwegerich und Steinklee Veilchenblüten zur Dekoration

„Leipziger Allerlei" vom Fasan, Nussbutterpüree

Fasan Ofen auf 120 °C vorheizen. Das Öl in einem Topf mit Rosmarin und Knoblauch auf 120 °C erhitzen. Fasanenbeine einlegen. Den Topf abgedeckt in den Ofen stellen und die Beine 2 Std. confieren. Herausnehmen, gut abtropfen lassen, dann das Fleisch von Haut und Knochen befreien und in mundgerechte Stücke schneiden.

Gemüse Karotten schälen und in 1 cm große Würfel schneiden. 3 Min. in kochendem Salzwasser blanchieren und eiskalt abschrecken. Erbsen im selben Wasser 1 Min. garen und ebenfalls abschrecken. Spargel schälen (den grünen nur im unteren Drittel) und die holzigen Enden abschneiden. In 3 cm lange Stücke schneiden. Weißen Spargel 5 Min. in kochendem Salzwasser blanchieren und eiskalt abschrecken. Grünen Spargel im selben Wasser 3 Min. blanchieren und ebenfalls abschrecken.

Soße 30 g Butter in einem Topf schmelzen. Das Mehl mit einem Schneebesen unterrühren. Nach und nach mit Fond und Milch aufgießen und unter Rühren ca. 15 Min. köcheln, bis eine sämige Soße entstanden ist. Mit Zitronensaft und Schale, zum Schluss mit Salz, Pfeffer und Muskat abschmecken. Das gut abgetropfte Gemüse und das Fasanenfleisch unterheben.

Flusskrebsschwänze Restliche Butter in einer kleinen Pfanne zerlassen und die Flusskrebse darin erwärmen.

Nussbutterpüree Die Kartoffeln auf ein mit Salz bestreutes Backblech legen und bei 180 °C im Ofen ca. 50 Min. weich garen. Heiß pellen und durch eine Kartoffelpresse drücken. Die Butter im Topf schmelzen und leicht braun (Nussbutter) werden lassen. Die Butter mit Milch und Sahne unter das Püree mischen und mit Salz, Pfeffer und Muskatnuss abschmecken.

Je 2 Streifen Nussbutterpüree auf einen flachen Teller geben und das Leipziger Allerlei darüber verteilen. Mit Flusskrebsen belegen und mit der Bratbutter beträufeln. Mit Schafgarbeblättchen und Sprossen dekorieren.

Fasan
1,2 l Rapsöl
1 Zweig Rosmarin
2 Zehen Knoblauch, angedrückt
6 Fasanenbeine

Gemüse
3 Karotten
200 g grüne Erbsen, TK oder aus
600 g frischen Erbsen, gepalt
300 g weißer Spargel
300 g grüner Spargel

Soße
60 g Butter
30 g Mehl
300 ml Geflügelfond
300 ml Milch
Abrieb und Saft ½ Zitrone
Salz
Pfeffer
Muskatnuss

Flusskrebsschwänze
125 g Flusskrebsschwänze
(gekocht)

Nussbutterpüree
500 g mehlig kochende Kartoffeln
500 g grobes Salz
125 g Butter
2 EL Milch
2 EL Sahne
Salz
Pfeffer
Muskatnuss

Schafgarbe
Rote Bete-Sprossen

Gebratene Rehleber, Süßkartoffelpüree, Pilze, Lakritzsoße, Brotchips

Brotchips Das Brot im Tiefkühler 10 Min. anfrieren, dann auf einer Aufschnittmaschine sehr dünn aufschneiden und mit einem runden Ausstecher ausstechen. Die Scheiben auf ein mit Backpapier belegtes Blech geben, mit Öl beträufeln und mit etwas Fleur de Sel bestreuen. Zusammen mit der Fasanenbrust 20 Min. bei 140 °C im Ofen backen.

Süßkartoffelpüree Süßkartoffeln schälen, in 2 cm große Würfel schneiden. Butter in einem Topf schmelzen und die Süßkartoffeln darin 5 Min. unter Rühren andünsten. Fond und Sahne angießen, 20 Min. köcheln, bis die Kartoffeln sehr weich sind. Alles pürieren, durch ein feines Sieb streichen und zum Schluss mit Salz und Muskatnuss abschmecken.

Lakritzsoße Den Zucker in einer Pfanne hellbraun karamellisieren lassen, Schalotten zugeben und anschwitzen. Die Gewürze unterrühren, mit dem Portwein ablöschen und einkochen lassen. Den Fond angießen und 20 Min. einkochen lassen. Durch ein feines Sieb in einen anderen Topf passieren und wieder aufkochen. Zügig die kalte Butter einarbeiten und mit Salz abschmecken.

Pilze putzen und je nach Größe um die Hälfte kleiner schneiden. Butter in einer Pfanne zerlassen und die Pilze darin anbraten, bis die Flüssigkeit verdampft ist. Nach Geschmack mit Austernsoße und Pfeffer würzen.

Rehleber putzen und in mundgerechte Stücke schneiden, in Mehl wenden und überschüssiges Mehl gut abklopfen. Butter in einer großen Pfanne schmelzen und leicht bräunen lassen (Nussbutter). Leber dazugeben und ca. 30 Sek. je Seite braten. Erst zum Schluss mit Salz und Pfeffer würzen.

3 EL Süßkartoffelpüree in die Mitte eines Tellers setzen, die Leber darüber verteilen. Mit der Lakritzsoße umträufeln, Pilze und Brotchips darauf geben und zum Schluss mit Wildkräutern dekorieren.

Brotchips
4 dünne Scheiben Graubrot
3 EL Öl
Fleur de Sel

Süßkartoffelpüree
350 g Süßkartoffeln
80 g Butter
100 ml heller Geflügelfond
150 ml Sahne
Salz, Muskatnuss

Lakritzsoße
10 g brauner Zucker
1 Schalotte, fein gewürfelt
2 Stück Langer Pfeffer
10 g Süßholz (Apotheke oder Gewürzstand auf dem Markt)
2 Sternanis
80 ml roter Portwein
500 ml Kalbsfond (Glas)
20 g kalte Butter in Würfeln
Salz

Pilze
400 g gemischte Speisepilze (nach Jahreszeit Buchenpilze, Kräuterseitlinge, Pfifferlinge, Herbsttrompeten, Steinpilze ...)
40 g Butter
1–2 EL Austernsoße
Pfeffer

Rehleber
500 g Rehleber (vorbestellen)
3 EL Mehl
100 g Butter
Fleur de Sel, Pfeffer

Wildkräuter (z. B. roter Sauerampfer oder Pimpinelle)

TAUBENBRUST,
ROTER UND WEIßER CHICOREE

Weißer Chicoree Zucker in einer Pfanne zu hellbraunem Karamell schmelzen. Ingwer und Chili unterrühren und mit Säften und Portwein aufgießen. Einkochen, bis eine sirupartige Konsistenz erreicht ist. Mit Salz abschmecken. Die Chicoreekolben längs vierteln. Vom Strunk nur so viel wegschneiden, dass die Viertel zusammenbleiben. Chicoree 1 Min. im kochenden Sud erwärmen, alles in ein Schraubglas füllen und mind. 24 Std. durchziehen lassen.

Roter Chicoree Zucker in einer Pfanne zu hellbraunem Karamell schmelzen. Gewürze unterrühren und mit Saft und Portwein aufgießen. Einkochen, bis eine sirupartige Konsistenz entstanden ist. Mit Salz abschmecken. Die Chicoreekolben längs vierteln. Vom Strunk nur so viel wegschneiden, dass die Viertel zusammenbleiben. Chicoree 1 Min. im kochenden Sud erwärmen, alles in ein Schraubglas füllen und mind. 24 Std. durchziehen lassen.

Portweinsoße Ofen auf 200 °C vorheizen. Karkassen grob zerkleinern und mit Öl vermischt auf ein Backblech geben. 1 Std. im Ofen braun anrösten, öfter wenden. Karkassen in einen Topf umfüllen, knapp mit Wasser bedecken, aufkochen. Suppengrün, Petersilienwurzel, Zwiebel, Lorbeer, Wacholder und Pfefferschoten zugeben. 1 Std. köcheln lassen, evtl. entstehenden Schaum abschöpfen. Fond durch ein feines Sieb in einen Topf passieren. Schalotten in 40 g Butter dünsten. Mit Rotwein, Portwein und 300 ml Fond auffüllen und auf 200 ml reduzieren. Senf dazugeben, salzen und pfeffern, mit dem Pürierstab die restliche kalte Butter in kleinen Würfeln untermixen. Mit Salz und Pfeffer abschmecken.

Taubenbrüste auf ein Backblech legen und im auf 120 °C vorgeheizten Backofen bis zu einer Kerntemperatur von 60 °C etwa 25 Min. garen. Öl und Butter in einer Pfanne erhitzen, Brüste mit Salz und Pfeffer würzen und auf der Hautseite knusprig anbraten.

Chicoreeviertel wieder kurz in etwas Sirup erwärmen. Mit den Taubenbrüsten auf flachen Tellern anrichten, mit Soße umträufeln und mit Blüten dekorieren.

Weißer Chicoree
100 g Zucker
1 walnussgroßes Stück Ingwer, geschält und fein gerieben
1 rote Chilischote, entkernt und fein gewürfelt
250 ml Maracujasaft
150 ml frischer Orangensaft
100 weißer Portwein
Salz
4 weiße Chicoree

Roter Chicoree
100 g Zucker
2 Sternanis
1 Vanillestange ausgekratzt
3 Stück Langer Pfeffer
500 ml roter Johannisbeersaft
100 ml roter Portwein
Salz
4 rote Chicoree

Portweinsoße
Karkassen von der Taube
4 EL Öl
1 Bund Suppengrün, gewürfelt
1 Petersilienwurzel, geschält und gewürfelt
1 Zwiebel, gewürfelt
1 Lorbeerblatt
3 Wacholderbeeren
2 Stück Langer Pfeffer
2 Schalotten, geschält gewürfelt
100 g Butter
je 100 ml Rotwein und Portwein
1 TL Estragonsenf
Salz, Pfeffer

Taubenbrust
4 Taubenbrüste
1 EL Öl, 2 EL Butter
Salz, Pfeffer

TAUBENFÜẞE IN ESTRAGON, BLUMENKOHL, SAUCE BÉARNAISE

Portweinsoße Den Ofen auf 200 °C vorheizen. Karkassen grob zerkleinern und mit dem Öl vermischt auf ein Backblech geben. 1 Std. im Ofen kräftig braun anrösten, dabei öfter wenden. Karkassen in einen Topf umfüllen, knapp mit Wasser bedecken und aufkochen. Suppengrün, Petersilienwurzel, Zwiebel, Innereien, Lorbeer, Wacholder und Pfefferschoten zugeben. Gut 1 Std. köcheln lassen, evtl. dabei entstehenden Schaum abschöpfen.

Taubenfond durch ein feines Sieb in einen anderen Topf passieren. Schalotten in 40 g Butter andünsten. Mit Rotwein, Portwein und 300 ml Fond auffüllen und alles auf 200 ml reduzieren. Senf dazugeben, mit Salz und Pfeffer abschmecken, mit dem Pürierstab die restliche kalte Butter in kleinen Würfeln untermixen. (Der restliche Fond lässt sich gut einfrieren.)

Taubenfüße Öl in einem Topf auf 120 °C erhitzen. Taubenfüße, Knoblauch und die Hälfte des Estragons hineinlegen. Den Ofen auf 120 °C vorheizen und den Topf mit Deckel hineinstellen. Die Taubenfüße für ca. 90 Min. im Öl confieren. Herausnehmen, gut abtropfen lassen und mit Salz und Pfeffer würzen.

Öl auf 160 °C erhitzen und restlichen Estragon darin knusprig frittieren, herausnehmen und auf Küchenpapier abtrocknen

Blumenkohl Blumenkohl in sehr kleinen Röschen vom Strunk schneiden, größere noch einmal halbieren. Milch und Butter mit einer Prise Salz und etwas geriebener Muskatnuss aufkochen. Den Blumenkohlstrunk klein schneiden und in der Mischung weich garen. Abgießen und mit der Sahne zu feinem Püree mixen. Evtl. mit Salz und Muskat nachwürzen. Das Öl in einer großen Pfanne erhitzen und Röschen darin bissfest und leicht angebräunt braten. Zum Schluss leicht salzen.

BITTE UMBLÄTTERN → →

Portweinsoße
Karkassen von 2 Tauben
4 EL Öl
1 Bund Suppengrün, geputzt und grob gewürfelt
1 Petersilienwurzel, geschält und gewürfelt
1 Zwiebel, gewürfel
Innereien von 2 Tauben
1 Lorbeerblatt
3 Wacholderbeeren
2 Stück Langer Pfeffer
2 Schalotten, gepellt und fein gewürfelt
40 g Butter
100 ml Rotwein
100 ml Portwein
300 ml Wildfond, siehe Grundrezept S. 136
1 TL Estragonsenf
Salz, Pfeffer

Taubenfüße
600 ml Rapsöl
8 Taubenfüße
2 Zehen Knoblauch, angedrückt
1 Bund Estragon
Salz
Pfeffer

Blumenkohl
1 Blumenkohl
400 ml Milch
50 g Butter
Salz
Muskatnuss
150 ml Sahne
4 EL Rapsöl

TAUBENFÜßE IN ESTRAGON, BLUMENKOHL, SAUCE BÉARNAISE

Sauce Bérnaise Estragonblättchen von den Stielen zupfen. Stiele klein schneiden und mit Schalottenwürfeln, Zucker, Essig, Wein und Pfeffer in einem kleinen Topf aufkochen. Auf die Hälfte einreduzieren und durch ein feines Sieb passieren. Das Eigelb in eine Schüssel geben und mit der Reduktion über einem heißen Wasserbad cremig aufschlagen. Dann die Butter erst tropfenweise und dann in einem dünnen Strahl zugeben und unterschlagen, bis eine cremige Soße entstanden ist. Zum Schluss mit etwas Salz und Zitronensaft abschmecken und die Estragonblättchen unterrühren.

Je 2 Taubenfüße auf einen flachen Teller legen und mit Portweinsoße nappieren. Drumherum gebratenen Blumenkohl, Püree und Sauce Béarnaise anrichten, mit frittiertem Estragon dekorieren.

Sauce Béarnaise
4 Stiele Estragon
1 Schalotte,
fein gewürfelt
1 Prise Zucker
3 EL Estragonessig
100 ml Weißwein
1 Lange Pfefferschote,
grob gemörsert
4 Eigelb
200 ml geklärte Butter
Salz
1 Spritzer Zitronensaft

JAGDARTEN

Ähnlich wie beim Wild, liegen die Fälle (Felle) ein bisschen komplizierter als man denkt. Denn man bedenke: Jagd ist eine Kulturtechnik, ungefähr so alt wie die Musik. Und es käme ja auch kein Mensch auf den Gedanken, sämtliche Musikstile in drei Absätzen zusammenzufassen. Also: Grundsätzlich gilt die Unterscheidung zwischen *Einzeljagd* und *Gruppenjagd*.

Bleiben wir zunächst bei den Methoden, die allein ausgeübt werden können: Meistbeliebt in Deutschland ist die *Ansitzjagd*, gerne von einem Hochsitz aus, wo der Jäger das anwechselnde Wild erwartet. Bei der *Beizjagd* spielt ein abgerichteter Greifvogel, traditionell ein Falke, die Hauptrolle. *Buschieren*, mit Vorliebe auf Ölgemälden abgebildet, nennt sich das Jagen mit Stöberhund und Flinte. Besondere Vorsicht ist bei der *Pirsch* geboten, welche, wie der Name schon sagt, heimlich, still und leise gegen den Wind erfolgt. Ein bisschen fies dünkt uns die *Lockjagd*, die akustisch (durch Rufe), optisch (meist durch die sprichwörtlichen Lockvögel) oder gar durch Gerüche und Fütterung erfolgen kann.

Bekannteste aller Gruppenjagden und geradezu zeitlos ist die *Treibjagd*. Das geht ebenso wenig alleine wie Küssen oder Tischtennisspielen. Es ist die klassische Form der Gesellschaftsjagd: Mehrere Treiber und Hunde veranlassen das Wild zur Flucht, „Kesseltreiben" hat sich als Begriff eingebürgert, wobei man besonders auf die Sicherheit der Teilnehmer (nicht der Hasen!) achten muss. Langsamer geht es zu bei der *Drückjagd*, die zum Ziel hat, das Wild aus seinen Verstecken „herauszudrücken." Von einer *Riegeljagd* sprechen wir, wenn einige Jäger und Treiber die Beute in den Wildwechsel treiben, wo die Schützen lauern. Seit 1934 ist die *Parforcejagd* (zumindest auf Tiere) in Deutschland verboten, in England seit 2004.

Eine weitere Unterscheidung gilt der *Hohen* und der *Niederen Jagd*. Man ahnt es schon: Es handelt sich um einen Spiegel der gesellschaftlichen Verhältnisse der Feudalzeit. Und so bejagt der Hochadel selbstverständlich das Hochwild, die niedere Geistlichkeit und so manch rechtschaffener Bürger hingegen das Niederwild.

Selbstredend können wir Jagd auch anhand der Zielobjekte klassifizieren. Ein klitzekleiner Blick in die Geschichte bringt hier hoffentlich Erhellendes zutage. SIEHE DAZU S. 51

FASANENBRUST, NUSSBUTTERPÜREE, CHAMPAGNERKRAUT, TRAUBEN

Eingelegte Trauben Die Trauben schälen und auf 3 saubere Schraubgläser verteilen. Alle anderen Zutaten zusammen aufkochen und ca. 5 Min. köcheln lassen. Den Sud kochend heiß über die Trauben gießen, dabei die Gewürze gleichmäßig verteilen. Die Gläser sofort verschließen, auf den Kopf stellen und auskühlen lassen. Mind. 24 Std. durchziehen lassen.

Portweinsoße Den Ofen auf 200 °C vorheizen. Karkassen grob zerkleinern und mit dem Öl vermischt auf ein Backblech geben. 1 Std. im Ofen kräftig braun anrösten, dabei öfter wenden. Karkassen in einen Topf umfüllen, knapp mit Geflügelfond bedecken und aufkochen. Suppengrün, Petersilienwurzel, Zwiebel, Lorbeer, Wacholder und Pfefferschoten zugeben. Gut 1 Std. köcheln lassen, evtl. dabei entstehenden Schaum abschöpfen.

Fasanenfond durch ein feines Sieb in einen anderen Topf passieren. Schalotten pellen und fein würfeln, in 40 g Butter andünsten. Mit Rotwein, Portwein und 300 ml Fond auffüllen und alles auf 200 ml einreduzieren. Senf dazugeben, mit Salz und Pfeffer abschmecken, mit dem Pürierstab die restliche kalte Butter in kleinen Würfeln untermixen. (Der restliche Fond lässt sich gut einfrieren.)

Nussbutterpüree Die Kartoffeln auf ein mit Salz bestreutes Backblech legen und bei 180 °C im Ofen ca. 50 Min. weich garen. Heiß pellen und durch eine Kartoffelpresse drücken. Die Butter im Topf schmelzen und leicht braun (Nussbutter) werden lassen. Die Butter mit Milch und Sahne unter das Püree mischen und mit Salz, Pfeffer und Muskatnuss abschmecken.

BITTE UMBLÄTTERN → →

Eingelegte Trauben
(ergibt 3 Gläser à 500 ml
600 g weiße kernlose Trauben
600 ml Weißwein, feinherb
150 ml Champagner
50 ml weißer Balsamicoessig
100 g Zucker
6 Sternanis
6 Stück Langer Pfeffer
3 Lorbeerblätter

Portweinsoße
Karkassen und Innereien
vom Fasan
4 EL Öl
500 ml Geflügelfond
1 Bund Suppengrün,
geputzt und grob gewürfelt
1 Petersilienwurzel,
geschält und gewürfelt
1 Zwiebel, gewürfelt
1 Lorbeerblatt
3 Wacholderbeeren
2 Stück Langer Pfeffer
2 Schalotten, geschält gewürfelt
100 g Butter
100 ml Rotwein
100 ml Portwein
1 TL Estragonsenf
Salz
Pfeffer

Nussbutterpüree
500 g mehlig kochende Kartoffeln
500 g grobes Salz
125 g Butter
2 EL Milch
2 EL Sahne
Salz
Pfeffer
Muskatnuss

FASANENBRUST,
CHAMPAGNERKRAUT, TRAUBEN

Fasanenbrüste Ofen auf 120 °C vorheizen. Fasanenbrüste mit Salz und Pfeffer würzen, mit der Haut nach oben auf ein Backblech legen und im Ofen bis zu einer Kerntemperatur von 55 °C garen. Im Anschluss in einer Pfanne im heißen Öl von beiden Seiten in 1–2 Min. nachbraten.

Champagnerkraut In einem Topf die Butter zerlassen und die Schalotten darin goldgelb anschwitzen. Mit dem Champagner ablöschen und leicht einkochen lassen. Sauerkraut, Geflügelfond, Lorbeer und Wacholder dazugeben und so lange köcheln lassen, bis das Kraut glasiert und fast alle Flüssigkeit einreduziert ist. Zum Schluss mit Salz und Pfeffer abschmecken.

3 EL Champagnerkraut in einen tiefen Teller geben, die Fasanenbrust schräg aufschneiden und darauf setzen. Etwas von der erhitzten Soße angießen und je 1 EL Trauben dazugeben. Mit Brunnenkresse dekorieren.

Fasanenbrüste
4 Fasanenbrüste
Salz
Pfeffer
4 EL Öl

Champagnerkraut
2 EL Butter
2 Schalotten, fein gewürfelt
150 ml Champagner, ersatzweise Crémant oder spanischer Cava
600 g mildes Sauerkraut
300 ml Geflügelfond
1 Lorbeerblatt
5 Wacholderbeeren
Salz, Pfeffer

Einige Blättchen Brunnenkresse

Taube „Berliner Art“, Taubensticks, Apfelgel, Schalottenmarmelade

Taubensticks 1 l Öl in einem Topf mit Rosmarin, Thymian und Knoblauch auf 120 °C erhitzen. Die Taubenbeine einlegen. Ofen auf 120 °C vorheizen. Den Topf mit Deckel in den Ofen stellen und die Taubenbeine 2 Std. im Öl confieren lassen.

Taubenbrust Nach einer Std. die mit Salz und Pfeffer gewürzten Taubenbrüste auf einem Backblech mit in den Ofen schieben und bis zu einer Kerntemperatur von 60 °C garen.

Taubensticks Schalotten in 1 EL Butter glasig dünsten, Taubeninnereien klein schneiden, dazugeben und mit anbraten. Taubenbeine aus dem Öl nehmen, gut abtropfen lassen. Von Haut und Knochen befreien und das Fleisch sehr klein schneiden. Mit den Schalotten und den Innereien vermengen, Majoranblättchen und Senf untermischen, mit Salz und Pfeffer abschmecken.

Frühlingsrollenblätter auf die Arbeitsfläche legen. Im unteren Drittel je 1–2 EL der Beinfleischfüllung als Streifen verteilen, dabei links und rechts einen 1 cm breiten Rand stehen lassen. Ränder nach innen einschlagen und aufrollen. Fertige Röllchen für 10 Min. in den Tiefkühler legen, dann 1/2 l Öl auf 160 °C erhitzen und die Röllchen nacheinander knusprig darin ausbacken. Schalottenringe mit Mehl bestäuben und ebenfalls knusprig ausbacken.

Taubenbrüste aus dem Ofen nehmen. 2 EL Öl und 1 EL Butter in der Pfanne erhitzen und Fleisch auf der Haut knusprig braten.

Apfelgel Den Zucker in einer Pfanne zu hellbraunem Karamell schmelzen, die Gewürze unterrühren und mit dem Apfelsaft ablöschen. Bis auf 200 ml einreduzieren lassen. Durch ein feines Sieb in einen kleinen Topf passieren, wieder aufkochen und den Agar Agar einrühren. Die abgekühlte und dann feste Masse so lange mit dem Pürierstab mixen, bis eine gelartige Konsistenz entstanden ist. Zum Servieren in einen Spritzbeutel füllen.

Taubensticks
1 l Rapsöl
1 Zweig Rosmarin
2 Zweige Thymian
2 Knoblauchzehen, angedrückt
4 Taubenbeine
2 Schalotten, fein gewürfelt
Innereien von 2 Tauben
1 EL Butter
2 Zweige Majoran
2 TL körniger Senf
Salz
Pfeffer
12 Frühlingsrollenblätter
(aus dem Asialaden)
½ l Rapsöl
1 Schalotte, in Ringe geschnitten
1 TL Mehl

Taubenbrust
4 Taubenbrüste
2 EL Rapsöl
1 EL Butter

Apfelgel
80 Zucker
2 Sternanis
2 Zimtblüten
2 Nelken
1 Lorbeerblatt
750 ml Apfelsaft
2 g Agar Agar

BITTE UMBLÄTTERN →→

TAUBE BERLINER ART,
TAUBENSTICKS, APFELGEL,
SCHALOTTENMARMELADE

Schalottenmarmelade Schalotten schälen, längs teilen und quer in feine Streifen schneiden. Den Zucker in einer Pfanne hellbraun karamellisieren und die Zwiebelstreifen unterrühren. Ingwer, Chili und Thymian zufügen und mit dem Rotwein aufgießen. So lange einkochen, bis eine marmeladenartige Konsistenz erreicht ist. Zum Schluss mit Salz abschmecken. Die Gewürze wieder heraus fischen und die Marmelade in ein sauberes Schraubglas füllen.

Portweinsoße Den Ofen auf 200 °C vorheizen. Karkassen grob zerkleinern und mit dem Öl vermischt auf ein Backblech geben. 1 Std. im Ofen kräftig braun anrösten, dabei öfter wenden. Karkassen in einen Topf umfüllen, knapp mit Geflügelfond bedecken und aufkochen. Suppengrün, Petersilienwurzel, Zwiebel, Lorbeer, Wacholder und Pfefferschoten zugeben. Gut 1 Std. köcheln lassen, evtl. dabei entstehenden Schaum abschöpfen.

Fond durch ein feines Sieb in einen anderen Topf passieren. Schalotten pellen und fein würfeln, in 40 g Butter andünsten. Mit Rotwein, Portwein und 300 ml Fond auffüllen und alles auf 200 ml einreduzieren. Senf dazugeben, mit Salz und Pfeffer abschmecken, mit dem Pürierstab die restliche kalte Butter in kleinen Würfeln untermixen. (Der restliche Fond lässt sich gut einfrieren.)

Nussbutterpüree Die Kartoffeln auf ein mit Salz bestreutes Backblech legen und bei 180 °C im Ofen ca. 50 Min. weich garen. Heiß pellen und durch eine Kartoffelpresse drücken. Die Butter im Topf schmelzen und leicht braun (Nussbutter) werden lassen. Die Butter mit Milch und Sahne unter das Püree mischen und mit Salz, Pfeffer und Muskatnuss abschmecken.

1–2 EL Schalottenmarmelade in einen tiefen Teller geben. Die Taubenbrust mit erwärmter Soße bepinseln und auf die Marmelade setzen. Daneben das Püree geben, einen Taubensticks daraufflegen und mit einem Klecks Apfelgel anrichten. Mit Schalottenringen und Vogelmiere dekorieren.

Schalottenmarmelade
(ergibt ca. 500 g)
250 g Schalotten
200 g brauner Zucker
1 walnussgroßes Stück Ingwer, geschält und fein gerieben
1 rote Chilischote, längs halbiert und entkernt
2 Zweige Thymian
1 Flasche Rotwein
Salz

Portweinsoße
Karkassen
4 EL Öl
500 ml Geflügelfond
1 Bund Suppengrün, geputzt und grob gewürfelt
1 Petersilienwurzel, geschält und gewürfelt
1 Zwiebel, gewürfelt
1 Lorbeerblatt
3 Wacholderbeeren
2 Stück Langer Pfeffer
2 Schalotten
100 g Butter
je 100 ml Rot- und Portwein
1 TL Estragonsenf
Salz, Pfeffer

Nussbutterpüree
500 g mehlig kochende Kartoffeln
500 g grobes Salz
125 g Butter
2 EL Milch, 2 EL Sahne
Salz, Pfeffer
Muskatnuss

Zweige von der Vogelmiere

HAUPTGERICHTE

Von Beute zu Jäger.
Eine (sehr) kurze Geschichte der Jagd

Zu den großen Kränkungen der Menschheitsgeschichte gehört sicherlich die Erkenntnis, dass wir erst seit sehr kurzer Zeit Jäger sind. Vor dem Paläolithikum waren wir Beute. Bedeutende Gelehrte wie Barbara Ehrenreich vermuten, dass uns tiefenpsychologisch gesehen bis heute nichts so sehr anficht wie die Vorstellung eines aufgerissenen Rachens. Ihr Kollege George Steiner geht sogar so weit zu behaupten, dass wir – im Sinne eines ritualisierten Verhaltens – seit der weitgehenden Ausrottung der menschenfressenden Raubtiere die Bedrohungssituation der Vorzeit quasi imitieren, indem wir einander wie Raubtiere behandeln.

Forscher streiten immer noch, ob die Entwicklung des menschlichen Sozialverhaltens beim Sammeln, beim Jagen oder an der Feuerstelle erfolgte. Für uns liegt die Antwort klar: Eins nach dem anderen. Freilich wurden bei hochkomplexen Vorgängen wie einer Treibjagd andere Qualitäten benötigt und ausdifferenziert als etwa beim Rühren eines Breis aus Nacktschnecken. Jetzt bitte nicht wieder die alten Vorurteile! Die Einteilung Frauen = Nahbereich rund um die Höhle, Männer = abenteuerlicher Jagd-Drang in die Ferne gilt seit langem als widerlegt. Heute wird das männliche Getue um den ersten Platz am Grill, um Dry Aged Beef, Jagdtrophäen und dergleichen eher als Zeichen von Unsicherheit und ungeschicktem Imponiergehabe interpretiert.

Es gehörte jedenfalls von Anfang an jede Menge Mut zur Jagd. Die Überwindung der Angst vor körperlich weit überlegenen Tieren ging einher mit der Entwicklung der Waffen. Vor allem Distanzwaffen haben es überhaupt möglich gemacht, sich gefährlichen Brocken wie Büffeln oder Wisenten in jagdlicher Absicht zu nähern. Historisch gesehen entscheidend für die Herausbildung ungerechter Gesellschaftsformen war die Durchsetzung des Vorrechts auf Jagd für privilegierte Kreise. Vergleichbares lässt sich für nahezu alle Hochkulturen belegen; die Hauptunterschiede zwischen einer bronzezeitlichen Treibjagd zu Babylon und heutigen Jagdgesellschaften sind in den Augen bedeutender Historiker vorwiegend auf dem Gebiet der Jagdwaffen und der Dekoration zu suchen. Ansonsten blieb erstaunlich viel gleich oder ähnlich, vor allem das Festmahl nach dem Jagderfolg.

Ein besonderer Leckerbissen für Kunstfreunde ist die Jagd-Kunst. SIEHE DAZU S. 57

WILDBRATWURST, SPECKSAUERKRAUT, NUSSBUTTERPÜREE

Wildbratwurst Wildfleisch und Schweinebauch in Würfel schneiden und 20 Min. in den Tiefkühler legen. Schalotten und Knoblauch im Öl glasig dünsten. Kräuter von den Stielen zupfen und fein hacken. Alle Gewürze fein mahlen (mit einem Mörser oder Multi-Zerkleinerer). Alle Zutaten zwei Mal durch die mittlere Scheibe des Fleischwolfs drehen und die Masse so lange mit den Händen weiter kneten, bis alles gut vermischt und der Wein vollständig aufgenommen ist. Den Füllstutzen auf den Fleischwolf setzen, die Wursthülle vorsichtig darüber ziehen und die Masse auf der gewünschten Länge abfüllen und abbinden.

Die Würste können frisch gegrillt oder gebraten werden. Sie eignen sich auch zum einfrieren für eine spätere Verwendung.

➤ Für einen Brotaufstrich die Masse in Weckgläser à 200 ml Inhalt füllen und diese in ein tiefes Backblech stellen. Das Blech zur Hälfte mit kochendem Wasser füllen und das Ganze 2 Std. im Ofen bei 80 °C garen. Hält sich verschlossen und kühl gelagert mind. 8 Wochen.

Specksauerkraut Die Schwarte vom Speck abschneiden und den Speck fein würfeln. Butter in einem Topf zerlassen, Schalotten und Speckwürfel darin andünsten. Sauerkraut, Wacholder und Lorbeer zufügen, dann mit Wein und Fond aufgießen. Die Speckschwarte mit in den Topf geben und so lange köcheln, bis fast alle Flüssigkeit verdampft ist und das Kraut schön glänzt. Zum Schluss die Schwarte wieder entfernen.

Nussbutterpüree Die Kartoffeln auf ein mit Salz bestreutes Backblech legen und bei 180 °C im Ofen ca. 50 Min. weich garen. Heiß pellen und durch eine Kartoffelpresse drücken. Die Butter im Topf schmelzen und leicht braun (Nussbutter) werden lassen. Die Butter mit Milch und Sahne unter das Püree mischen und mit Salz, Pfeffer und Muskatnuss abschmecken.

Je eine Bratwurst auf 3–4 EL Sauerkraut anrichten, mit Petersilie und Blüten dekorieren.

Wildbratwurst
700 g Wildfleisch (Hirsch, Reh, Damwild)
300 g fetter Schweinebauch
3 Schalotten, fein gewürfelt
1 Zehe Knoblauch, fein gehackt
1 EL Rapsöl
1 Zweig Rosmarin
2 Zweige Majoran
4 Stück Langer Pfeffer
1 Lorbeerblatt
4 Wacholderbeeren
½ TL Muskatblüte (Macis)
1 TL Senfkörner
2 TL Salz
1 TL Zucker
100 ml Rotwein
ca. 3 Meter Wursthülle (gewässert)

Specksauerkraut
125 g durchwachsener Speck am Stück
1 EL Butter
3 Schalotten, fein gewürfelt
600 g mildes Sauerkraut
4 Wacholderbeeren
2 Lorbeerblätter
200 ml Weißwein
400 ml Geflügelfond

Nussbutterpüree
500 g mehlig kochende Kartoffeln
500 g grobes Salz
125 g Butter
je 2 EL Milch + Sahne
Salz, Pfeffer
Muskatnuss

2 Stiele krause Petersilie
4 Rapsblüten (oder andere essbare Blüten)

HIRSCHROULADEN, ROTKRAUT, BRATKARTOFFELPÜREE

Rotkraut Rotkohl vierteln, den Strunk und harte äußere Blätter entfernen. Die Viertel in feine Streifen hobeln und in eine große Schüssel geben. Mit Salz und 2 EL Zucker so lange mit beiden Händen durchkneten, bis die Kohlstreifen weich werden. Wein, Saft, Essig und Gewürzsack zufügen, gut vermischen und die Schüssel abgedeckt für 3 Tage in den Kühlschrank stellen.

Hirschrouladen auf der Arbeitsfläche ausbreiten, salzen und pfeffern. Mit Senf bestreichen. Butter in einer kleinen Pfanne zerlassen, Zwiebel- und Speckwürfel darin glasig anschwitzen. Die Zwiebelmischung auf den Rouladen verteilen, aufrollen und mit Rouladennadeln fest stecken. Rapsöl in einem Bräter erhitzen und die Rouladen darin von allen Seiten kräftig anbraten, herausnehmen. Gemüse- und Zwiebelwürfel ins Bratfett geben und unter Rühren 5 Min. braten, Tomatenmark dazugeben und dann nach und nach mit Rotwein ablöschen, immer wieder einkochen lassen. Den Wildfond zufügen und die Rouladen wieder einlegen. Den Bräter verschließen und alles im Ofen bei 140 °C ca. 3 Std. garen. Anschließend Rouladen herausnehmen und im ausgeschalteten Ofen ruhen lassen. Den Schmorfond durch ein Sieb in einen Topf passieren, um die Hälfte einreduzieren und zum Schluss mit der in wenig Wasser angerührten Speisestärke binden. Mit Salz und Pfeffer abschmecken.

Den Rotkohl abgießen, die Marinade dabei auffangen. 3 EL Zucker in einem Topf zu hellem Karamell schmelzen, das Gewürzsäckchen aus der Marinade zufügen und umrühren. Dann den Karamell mit der Marinadenflüssigkeit auffüllen und aufkochen. Den Rotkohl zufügen und alles so lange köcheln, bis der Kohl gar und die Flüssigkeit sirupartig ist. Zum Schluss mit Gänseschmalz, Preiselbeeren und Pfeffer abschmecken. BITTE UMBLÄTTERN →→

Rotkraut
1 kleiner Kopf Rotkohl
1 EL Salz
5 EL Zucker
1 l Rotwein
1 l Apfelsaft
20 ml Himbeeressig
Gewürzsack aus
1 EL Wildgewürz,
siehe Grundrezept S. 140,
1 Stange Zimt,
3 Sternanis binden.
3 EL Gänseschmalz
2 EL Preiselbeeren (Glas)
Pfeffer

Hirschrouladen
4 Hirschrouladen à 300 g
aus der Oberschale
4 EL grober Senf
20 g Butter
2 Zwiebeln, fein gewürfelt
120 g durchwachsener Speck
in kleinen Würfeln
Rouladennadeln
4 EL Rapsöl
1 Bund Suppengrün,
geputzt und in Würfel geschnitten
1 Zwiebel, grob gewürfelt
2 EL Tomatenmark
500 ml Rotwein
250 ml Wildfond,
siehe Grundrezept S. 136
1 TL Speisestärke
Salz
Pfeffer

HIRSCHROULADEN, ROTKRAUT, BRATKARTOFFELPÜREE

Bratkartoffelpüree Kartoffeln als Pellkartoffeln in Salzwasser ca. 20 Min. garen, abgießen und gut ausdämpfen lassen. Noch heiß pellen und durch die Kartoffelpresse drücken. Butter in einer Pfanne zerlassen und bei milder Hitze Zwiebeln und Speck darin andünsten. Sahne dazugeben und alles bei mittlerer Hitze 10 Min. einreduzieren. Durch ein feines Sieb auf die Kartoffelmasse geben und unterheben. Zum Schluss mit Muskatnuss abschmecken.

Kartoffelchips 200 g gekochte Kartoffeln von der Kartoffelmasse mit einem Mixstab so lange pürieren bis die Masse klebrig wird. Esslöffelweise auf einen Bogen Backpapier setzen und dünn verstreichen. Das Papier auf ein Backblech ziehen und die Chips bei 140 °C ca. 1 Std. im Ofen trocknen.

2 – 3 EL Rotkraut mittig auf einem Teller platzieren, 1 Roulade darauf setzen, mit Soße umträufeln. Vom Kartoffelpüree Nocken abstechen und drumherum verteilen. In jede Nocke einen Kartoffelchip setzen und alles mit Kräutern und Blüten dekorieren.

Bratkartoffelpüree
600 g mehlig kochende Kartoffeln
1 TL Butter
1 Zwiebel, fein gewürfelt
100 g durchwachsener Speck,
fein gewürfelt
250 ml Sahne
Salz
Pfeffer
Muskatnuss

Kartoffelchips
200 g Kartoffeln
von der Kartoffelmasse

Wildkräuter und Blüten
nach Jahreszeit (z. B. Bärlauch-
blüte, Kerbel, junge Brennnessel,
roter Sauerampfer)

Jagd-Kunst

Parallel zur Geschichte der Jagd verläuft ein weit ausgreifender Zweig der Kunstgeschichte. Von Ägyptischen Friesen der Frühzeit bis zu drastischen Plastiken neuzeitlicher Despoten haben sich die Herrscher aller Länder gern und oft von mehr oder minder genialischen Künstlern porträtieren lassen. Die beliebtesten Motive: Ich, Sanhereb I., wie ich die Lanze in den Rachen des Löwen stoße. Oder Ich, Maximilian XV., den Fuß auf den erlegten Hirschen postiert, einen kürzlich abgelebten Auerhahn lässig um die Schulter geworfen. Kein Duodezfürst, der darauf verzichtet hätte, seinen Schmerbauch unterm Jägerkostüm abkonterfeien zu lassen.

Es sind aber auch berühmte Stücke darunter. Zahlreiche Artemisse bzw. Dianas, von griechisch-römischen Bildhauern gemeißelt, haben sich über die Jahrhunderte erhalten und ziehen heute immer noch in sehniger Keuschheit, die Hand am Köcher, auf Beute aus. Das Stundenbuch des Herzogs von Berry widmet sich im 15. Jahrhundert allerlei Geschehnissen der Jagd. Top-Stars wie Rubens oder Delacroix haben es sich nicht nehmen lassen, Jagdszenen darzustellen, wobei es sich hierbei meist um virtuose Tier- und Landschaftsmalerei handelt; faszinierend ist die Natur, weniger der sie durch-

pirschende Jägersmann – ausgenommen vielleicht bei der Darstellung des Aktäon-Mythos: der halbgöttliche Jäger erwischt die Jagdgöttin beim Baden, wird kurzerhand in einen Hirschen verwandelt und von ihren Jagdhunden zerrissen. Weibliche Promis des Altertums waren irgendwie anders drauf als heute.

Freilich, auch die Jagd-Kunst kennt ihre Niederungen. Verbreiteter als die Treibjagden eines Constable sind im Allgemeinen die Bildchen und Zielscheiben mit Jagdmotiven, wie sie altdeutsche Wanderhütten und Gastwirtschaften zieren, die allesamt aussehen wie Schrankwände in Eiche rustikal. Zeitgenössische Künstler haben sich derartige Irrläufer zunutze gemacht und spielen auf der Grenze von Pop und Kitsch mit rosafarbenen Rehen oder absichtsvoll deplatziertem Rotwild in Altgold vor Stadtlandschaften. Man kann das, muss es aber keinesfalls romantisch finden. WEITER AUF S. 61

Hirschgulasch,
Speckknödel, Portweinbirnen

Hirschgulasch Das Hirschfleisch in mundgerechte Würfel schneiden, dabei evtl. noch vorhandene Sehnen und Häute entfernen. Die Würfel nacheinander in 3 Portionen im heißen Öl kräftig anbraten und wieder herausnehmen.

Zwiebel und Suppengrün im Bratfett anschwitzen, Tomatenmark und Gewürze unterrühren und nacheinander mit Rotwein und Portwein ablöschen und etwas einkochen lassen. Fleisch hinzufügen und mit dem Wildfond auffüllen und 90 Min. köcheln lassen. Das Fleisch herausnehmen und den Schmorfond durch ein feines Sieb in einen anderen Topf passieren. Den Schmorfond weitere 10 Min. einkochen lassen und das Fleisch wieder hinzufügen. Zum Schluss mit Salz abschmecken.

Speckknödel Das Laugengebäck in 1 cm große Würfel schneiden und mit kochend heißer Milch übergießen. 20 g Butter in einer Pfanne erhitzen, Zwiebeln und Speck darin anbraten, bis fast alle Flüssigkeit verdampft ist. Die Mischung mit Eigelb und Kräutern zum Laugengebäck geben. (Einen EL Kräuter für die Dekoration beiseite legen.) Das Eiweiß mit einer Prise Salz steif schlagen und unter die Masse rühren. Mit Pfeffer und Muskatnuss abschmecken und 1 Std. ruhen lassen.

Mit bemehlten Händen kleine Knödel formen und diese in leicht kochendem Salzwasser in 10 bis 15 Min. gar ziehen lassen.

Restliche Butter in einer Pfanne aufschäumen und die Semmelbrösel darin anrösten.

BITTE UMBLÄTTERN →→

Hirschgulasch
800 g Hirschfleisch,
z. B. aus der Keule
4 EL Rapsöl
1 Zwiebel, gewürfelt
1 Bund Suppengrün,
geputzt und gewürfelt
2 EL Tomatenmark
2 Lorbeerblätter
4 Kapseln Kardamom
2 Muskatblüten (Macis)
5 Wacholderbeeren
3 Stück Langer Pfeffer
250 ml Rotwein
200 ml roter Portwein
500 ml Wildfond,
siehe Grundrezept S. 136
Salz

Speckknödel
400 g altbackenes Laugengebäck
250 ml Milch
70 g Butter
100 g Zwiebeln, fein gewürfelt
150 g durchwachsener Speck,
fein gewürfelt
3 Eier, getrennt
1 kl. Bund Petersilie, fein gehackt
1 kl. Bund Schnittlauch,
in feine Röllchen geschnitten
Salz, Pfeffer
Muskatnuss
Mehl zum Arbeiten
80 g Semmelbrösel

HIRSCHGULASCH,
SPECKKNÖDEL, PORTWEINBIRNEN

Portweinbirnen Birnen schälen, halbieren und das Kerngehäuse entfernen, den Stiel dran lassen. Den Zucker in einen Topf geben, leicht karamelisieren, mit weißem Portwein ablöschen, die Gewürze hinzugeben. 8 Birnenhälften dazugeben und in 6–8 Min. bei milder Hitze weich garen. In saubere Schraubgläser füllen und 24 Std. durchziehen lassen.

Das Gulasch in tiefe Teller geben, Speckknödel mit Semmelbutter und Portweinbirnen separat dazu reichen.

Die Portweinbirnen sind verschlossen mehrere Wochen haltbar. Sie passen auch zu anderen Wildgerichten oder zu Desserts.

Portweinbirnen
4 reife, aber feste Birnen
100 g brauner Zucker
1 Flasche weißer Portwein
1 Vanilleschote
1 Stange Zimt
1 Sternanis
1 Lorbeerblatt
3 Stück Langer Pfeffer
2 Körner Piment

Jäger-Romantik

Es geht nicht anders: Beim Thema Wild darf auch der Deutsche Wald nicht fehlen. Wobei er in Österreich oder Polen auch nicht verschieden aussieht, höchstens weniger forstgerecht in Reih und Glied gebracht.

Älteste Mythen, auch germanische, kennen den Jäger als Retter (oder Bedrohung), den Mann der Wildnis, der sich auskennt wie kein anderer. Bis in die Hausmärchen hinein hat sich dies Bild bewahrt: Rotkäppchen, Hänsel und Gretel, Brüderchen und Schwesterchen ...

Die Legende vom Heiligen Hubertus zeichnet ziemlich exakt den Wandel vom verwilderten Unhold zum frommen Bekenner nach. Bis hinein in den Heimatfilm tritt der Jäger als Gentleman auf, der verwirrten Prinzessinnen den Arm bietet, um sie aus dem Unterholz zu geleiten. Bezogen auf den Ur-Streit mit dem gewitzten Wilderer lässt sich eine Rollenumkehr verzeichnen: So treten Jäger in Erzählungen aus dem Alpenraum nicht selten als Vertreter einer rigiden Obrigkeit auf, indessen der arme Wildschütz nur das kranke Mütterlein versorgen will und die heimlich erlegte Jagdbeute freudig mit dem armen Nachbarn teilt.

Fröhliche Urständ feiert das Waidwesen in der Romantik. Kaum ein Gedichtzyklus, kein rhapsodischer Roman ohne jagdlichen Protagonisten. In Müller-Schuberts „Schöner Müllerin" gilt die Aufmerksamkeit dem Nebenbuhler, Inbild von Männlichkeit und Wildheit: „Was will denn der Jäger am Mühlbach hier? / Bleib, struppiger Jäger, in deinem Revier! / Hier gibt es kein Wild zu jagen für dich, / Hier gibt's nur ein Rehlein, ein zahmes für mich." Gibt es eben nicht. Denn der Siegertyp huscht ums Eck und schnappt sich die Süße. Insofern kann ein Jäger als Auslöser der berühmten „Winterreise" betrachtet werden.

Auch Schumann-Eichendorff vertreten eher die künstlerisch-verweichlichte Position und schildern den Waidmann als mystisch aufgeladene Figur, von der unnennbare Gefahren ausgehen: „Hast ein Reh du lieb vor andern, / Lass es nicht alleine grasen, / Jäger ziehn im Wald und blasen, / Stimmen hin und wider wandern ..."

Im Impressionismus entspannt sich die Sache ein wenig, zumindest für jene Genießer, die im „Bauch von Paris", den herrlichen Markthallen, flanieren und sich an des Speisewilds Farben delektieren.

HIRSCHKALBSSCHNITZEL, 4 ROHKOSTSALATE

Rote Bete-Salat Die Rote Bete einzeln in Backpapier wickeln und bei 180 °C im Ofen ca. 50 Min. garen. Auswickeln, pellen und in mundgerechte Stücke schneiden. Den Portwein bis auf 40 ml einkochen. Mit Essig, Öl, Panch Phoron und Zucker verrühren, mit Salz und Pfeffer abschmecken und die Rote Bete in das Dressing legen. Mind. 2 Std. durchziehen lassen. Mit Sprossen und Schafgarbe dekorieren.

Gurkensalat Gurke streifig schälen und in dünne Scheiben hobeln. Alle Zutaten für das Dressing verrühren, mit Salz und Pfeffer abschmecken und mit Gurkenscheiben vermischen. Mit Blüten dekorieren.

Walldorfsalat Sellerie schälen und in feine Juliennestreifen hobeln. Apfel schälen, vierteln, das Kerngehäuse heraus schneiden und grob raspeln. Sofort mit etwas Zitronensaft beträufeln, damit er sich nicht braun verfärbt. Walnusskerne grob hacken. Aus den restlichen Zutaten ein Dressing rühren, mit Salz und Pfeffer abschmecken. Alles locker miteinander vermischen.

BITTE UMBLÄTTERN →→

Rote Bete-Salat
6 Rote Bete
250 ml Portwein
30 ml dunkler Balsamicoessig
6 EL Orangenöl (neutrales Öl, in dem 3 Tage lang Orangenschale gezogen hat)
1 TL Panch Phoron (Bengalische Gewürzmischung mit Fenchel, Schwarzkümmel, Kreuzkümmel, Bockshornklee und Senfsaat)
1 EL Zucker
Salz
Pfeffer
Deko: 50 g Sprossen, z. B. Radieschen oder Alfalfa; einige Blättchen Schafgarbe

Gurkensalat
1 Salatgurke
150 g Vollmilchjoghurt
3 Zweige Dill, fein geschnitten
Saft und Schalenabrieb ½ Zitrone
1 EL weißer Balsamicoessig
2 TL Zucker
Salz
Pfeffer
Deko: Vergissmeinnicht-Blüten

Waldorfsalat
1 kleiner Knollen-Sellerie
1 großer grüner Apfel
Zitronensaft
3 EL Walnusskerne
4 EL Salatmayonnaise
4 EL Crème frâiche
2 EL Apfelsaft
4 EL Walnussöl
Salz
Pfeffer

Hirschkalbsschnitzel, 4 Rohkostsalate

Krautsalat Den Kohl von den äußeren harten Blättern befreien, in Spalten schneiden und die Spalten bis zum Strunk in feine Streifen hobeln. Salz untermischen und kräftig für 10 bis 15 Min. kneten, bis der Kohl weich wird und Wasser austritt. Die Streifen ausdrücken, Kümmel, Essig und Öl unterrühren, mit Pfeffer abschmecken und 30 Min. durchziehen lassen.

Schnitzel In 3 tiefen Tellern eine „Panierstraße" vorbereiten: In Teller 1 kommt Mehl, in Teller 2 die mit dem Wildgewürz verquirlten Eier, in Teller 3 das mit den Haselnüssen gemischte Paniermehl. Die Schnitzel zwischen Klarsichtfolie mit einem schweren Topfboden etwas flacher klopfen. Das Fleisch von beiden Seiten salzen und pfeffern, dann nacheinander erst durch das Mehl, dann durch die Eier und zum Schluss durch die Paniermehlmischung ziehen. Die Panierung gut andrücken. Das Butterschmalz in einer großen Pfanne erhitzen und die Schnitzel von einer Seite anbraten. Wenden und die Butter in die Pfanne geben. Fleisch nicht mehr wenden, sondern ständig mit der heißen Butter beschöpfen, bis die Schnitzel goldbraun sind. Kurz auf Küchenpapier abtropfen lassen und sofort mit Zitronenschnitzen servieren.

Die 4 Salate in kleinen Schälchen separat zum Schnitzel reichen.

Krautsalat
½ kleiner Kopf Weißkohl
2 TL Salz
1 TL Kümmelsaat
2 EL milder Weißweinessig
5 EL Öl
Pfeffer

Hirschkalbsschnitzel
4 Schnitzel vom
Hirschkalb à 150 g
Mehl
3 – 4 Eier
1 TL Wildgewürz,
siehe Grundrezept S. 140
100 g Paniermehl
100 g Haselnüsse,
sehr fein gemahlen
Salz
Pfeffer
6 EL Butterschmalz
80 g Butter
1 Zitrone

HIRSCHRÜCKEN,
DÖRROBSTCHUTNEY,
PISTAZIENNOCKEN

Hirschrücken Eine flache Auflaufform mit 2 EL Öl einpinseln und im Ofen auf einem Rost auf 100 °C erwärmen. Den Hirschrücken hinein legen, Form mit Alufolie abdecken und ca. 40 Min. garen. Die Kerntemperatur mit einem Fleischthermometer messen. Sie sollte 58 °C betragen.

Den Hirschrücken aus dem Ofen nehmen, mit Salz und Pfeffer würzen und im restlichen heißen Öl in einer Pfanne von allen Seiten braun anbraten. In Alufolie wickeln und vor dem Anschneiden 5 Min. ruhen lassen.

Dörrobstchutney Äpfel und Birnen klein schneiden und über Nacht in Orangensaft einweichen. Am nächsten Tag abgießen und gut abtropfen lassen, den Saft dabei auffangen. Zucker in einer großen Pfanne hellbraun karamellisieren lassen. Früchte und Gewürze hinein geben, unterrühren und mit dem Wein ablöschen. Kurz einkochen lassen und den Orangensaft zufügen. Köcheln lassen, bis eine marmeladenähnliche Konsistenz erreicht ist. Zum Schluss mit Essig abschmecken.

Pistaziennocken Milch mit 120 g Butter und Salz aufkochen, den Grieß unter Rühren einrieseln lassen. Herdplatte ausschalten und so lange weiter rühren, bis eine teigartige Konsistenz entstanden ist. Eier zügig unterrühren und die Masse abkühlen lassen. Dann mit 2 Esslöffeln Nocken formen und in leicht kochendem Salzwasser 4–5 Min. garziehen lassen. Mit einer Schaumkelle herausheben und gut abtropfen lassen. Restliche Butter in einer Pfanne aufschäumen. Die Nocken in Pistazienmehl wälzen und rund herum in der Butter anbraten.

Wildsoße in einem Topf erhitzen. Den Hirschrücken in vier gleich große Scheiben schneiden. Jede Scheibe auf 2–3 EL Dörrobstchutney platzieren. Je 2 Nocken danebenlegen, mit Soße umträufeln und mit Wildkräutern und Blüten dekorieren.

Hirschrücken
6 EL Rapsöl
800 g Hirschrücken, ausgelöst
Salz
Pfeffer
250 ml Wildsoße,
siehe Grundrezept S. 136

Dörrobstchutney
200 g getrocknete Äpfel
200 g getrocknete Birnen
0,7 l Orangensaft,
frisch gepresst aus 6–7 Orangen
80 g Zucker
1 walnussgroßes Stück Ingwer,
geschält und fein gerieben
1 Vanillestange,
längs aufgeschnitten,
das Mark herausgekratzt
3 Sternanis
250 ml Weißwein
40 ml weißer Balsamicoessig

Pistaziennocken
500 ml Milch
200 g Butter
1 TL Salz
125 g Hartweizengrieß
2 Eier
100 g Pistazienkerne,
fein gemahlen

8 Blättchen Schafgarbe
essbare Blüten
(z. B. von Walderdbeeren)

Herzgulasch vom Reh, Sellerie-Birnenschaum, Portweinbirnen

Herzgulasch Rapsöl in einem großen Bräter erhitzen und die Herzen im Ganzen darin anbraten. Nach 5 Min. Gemüse- und Zwiebelwürfel dazugeben und mitbraten. Das Wildgewürz unterrühren und mit der Hälfte des Rotweins ablöschen. Kurz einkochen lassen, den Rest Rotwein zufügen und wieder einkochen lassen. Mit Wildfond auffüllen. Deckel auflegen und den Bräter bei 90 °C für 4 Std. in den Ofen schieben.

Am Ende der Garzeit die Herzen aus dem Bräter nehmen und auskühlen lassen, dann in mundgerechte Stücke schneiden. Den Portwein in einem kleinen Topf auf 100 ml einreduzieren.

Den Schmorfond durch ein Sieb in einen Topf passieren und aufkochen. Den Portwein zufügen und die Schokoraspel unterheben, bis sie geschmolzen sind. Zum Schluss zügig die Butterwürfel einarbeiten, mit Salz und Pfeffer abschmecken und die Herzen in der Soße erwärmen.

Sellerie-Birnenschaum Birnen schälen, vierteln, das Kerngehäuse entfernen und klein schneiden. Butter in einem Topf schmelzen und die Schalottenwürfel darin goldgelb anschwitzen. Sellerie- und Birnenwürfel dazugeben, unter Rühren 3–4 Min. garen. Nacheinander Geflügelfond, Saft und Sahne in den Topf geben, zwischendurch immer wieder aufkochen. Thymian zufügen und ca. 25 Min. offen garen, bis der Sellerie sehr weich ist. Thymian heraus fischen, alles fein pürieren und durch ein Sieb in einen anderen Topf passieren. 250 ml davon abmessen und aufkochen – die Konsistenz sollte sehr dick sein. Wenn nicht, weiter einkochen. Zum Schluss zügig die kalten Butterwürfel einmontieren und den Schaum mit Salz und Pfeffer abschmecken.

Zum Anrichten in einen Espuma (Sahnesiphon) füllen, eine Gaskapsel aufschrauben und schütteln. BITTE UMBLÄTTERN →→

Herzgulasch
5 EL Rapsöl
8 Rehherzen, beim Wildhändler vorbestellen
1 Bund Suppengrün, geputzt und klein gewürfelt
1 Zwiebel, geschält und gewürfelt
2 EL Wildgewürz, siehe Grundrezept S. 140
500 ml Rotwein
500 ml Wildfond, siehe Grundrezept S. 136
300 ml Portwein
60 g dunkle Schokolade, geraspelt
40 g kalte Butter in Würfeln
Salz
Pfeffer

Sellerie-Birnenschaum
3 reife, aber feste Birnen
½ Knollensellerie, geschält und gewürfelt
30 g Butter
2 Schalotten, geschält und gewürfelt
250 ml heller Geflügelfond, aus dem Glas
200 ml Birnensaft
200 ml Sahne
2 Zweige Thymian
150 g kalte Butter in Würfeln
Salz
Pfeffer

Herzgulasch vom Reh, Sellerie-Birnenschaum, Portweinbirnen

Portweinbirnen Birnen schälen, halbieren und das Kerngehäuse entfernen, den Stiel dran lassen. Den Zucker in einen Topf geben, leicht karamelisieren, mit rotem Portwein ablöschen, die Gewürze hinzugeben. 8 Birnenhälften dazugeben und in 6 – 8 Min. bei milder Hitze weich garen. In saubere Schraubgläser füllen und 24 Std. durchziehen lassen.

Das Herzgulasch in tiefen Tellern anrichten, je eine halbe rote Portweinbirne dazulegen und Sellerie-Birnenschaum darüber geben. Mit Wildkräutern dekorieren.

➤ Die Portweinbirnen sind verschlossen mehrere Wochen haltbar. Sie passen auch zu anderen Wildgerichten oder zu Desserts.

Portweinbirnen
4 reife, aber feste Birnen
100 g brauner Zucker
1 Flasche roter Portwein
1 Vanilleschote
1 Stange Zimt
1 Sternanis
1 Lorbeerblatt
3 Stück Langer Pfeffer
2 Körner Piment

Wildkräuter
(z. B. Schafgarbe und Wicke)

Rehmaultaschen, Salate

Maultaschenteig Aus Mehl, Eiern und Salz einen Nudelteig kneten, bei Bedarf 1–2 EL Wasser zufügen. Teig in Klarsichtfolie wickeln und im Kühlschrank mind. 1 Std. ruhen lassen.

Rehfüllung Sahne in einem kleinen Topf aufkochen, die Laugenstange kleinschneiden und hineingeben, Topf vom Herd ziehen. Speckwürfel und Schalotten in der Butter anschwitzen, zu der Sahnemischung geben. Spinat waschen und in kochendem Salzwasser blanchieren, eiskalt abschrecken, sehr gut ausdrücken und fein hacken. Alles mit dem Rehhack, Eiern, Petersilie, Zitronenabrieb und Berbera zu einer glatten Masse verkneten, zum Schluss mit Salz, Pfeffer und Muskat abschmecken.

Den Teig halbieren und jede Hälfte zu einem 2 mm dünnen Quadrat ausrollen. Die Füllung gleichmäßig auf einer Teigplatte verstreichen und mit der zweiten Platte abdecken. Mit einem Kochlöffelstiel 3 Längs- und 3 Querschnitte in den Teig drücken, dann mit einem scharfen Messer 16 gleich große Maultaschen ausschneiden, dabei die Ränder gut andrücken.

Maultaschen in reichlich Salzwasser 10 bis 15 Min. garen lassen. Wildfond aufkochen, auf 4 tiefe Teller verteilen, die Maultaschen hineinlegen und mit Schnittlauch garnieren.

Schnittlauchhalme längs halbieren und in eiskaltes Wasser legen – sie kringeln sich zu Löckchen.

Kartoffelsalat Kartoffeln in Salzwasser ca. 20 Min. weich garen, abgießen und ausdämpfen lassen. Möglichst heiß pellen. Den Geflügelfond aufkochen, Essig, Senf und Schalottenwürfel hineingeben und die Kartoffeln in dünnen Scheiben direkt in den Fond schneiden. Umrühren und 1 Std. durchziehen lassen. Zum Schluss mit Salz und Pfeffer abschmecken und vorsichtig das Öl unterheben.

BITTE UMBLÄTTERN →→

Maultaschenteig
300 g Mehl
3 Eier
1 TL Salz
Mehl zum Bearbeiten

Rehfüllung
120 ml Sahne
1 altbackene Laugenstange
80 g durchwachsener Speck, sehr fein gewürfelt
100 g Schalotten, feingewürfelt
1 EL Butter
300 g Babyblattspinat
375 g Rehhack, beim Wildhändler vorbestellen
3 Eier
1 kl. Bund Petersilie, fein gehackt
Schalenabrieb einer Bio-Zitrone
1 EL Berbera (afrikanische Gewürzmischung)
Salz
Pfeffer
Muskatnuss
1 l Wildfond, siehe Grundrezept S. 136
1 kl. Bund Schnittlauch

Kartoffelsalat
600 g festkochende Kartoffeln
200 ml Geflügelfond
2–3 EL weißer Balsamicoessig
2 TL Senf
2 Schalotten, fein gewürfelt
Salz
Pfeffer
5 EL Rapsöl

Feldsalat Den Feldsalat waschen, putzen und trocken schleudern. Radieschen putzen und in feine Scheiben schneiden. Die Nüsse in einer trockenen Pfanne anrösten und grob hacken.

Für das Dressing die Schalotten in der Butter goldgelb anschwitzen. Mit Essig, Sojasauce, Senf und Honig verrühren. Die Kartoffel mit einer Gabel fein zerdrücken und unterheben. Zum Schluss das Öl unterschlagen und mit Salz und Pfeffer abschmecken.

Den Feldsalat auf kleine Schälchen verteilen, mit Radieschen und Nüssen bestreuen und das Dressing darüber träufeln. Mit dem Kartoffelsalat zu den Rehmaultaschen servieren.

Feldsalat
150 g Feldsalat
½ Bund Radieschen
1 EL Haselnüsse
1 EL Walnüsse
1 Schalotte, fein gewürfelt
1 TL Butter
2 EL Himbeeressig
1 EL Sojasauce
1 TL Senf
1 TL Honig
1 gekochte Kartoffel
5 EL Walnussöl
Salz
Pfeffer

DIE HALTBARSTEN VORURTEILE

Wer Wild isst, der beißt sich am Schrot die Zähne aus. Beim Schalenwild ist Schrot schon lange verboten. Niederwild wird teilweise noch mit Schrot bejagt, die Beute jedoch dreifach gereinigt, einmal vom Jäger, einmal vom Händler, schließlich von Koch oder Köchin selbst. Das Vorurteil stammt aus Zeiten, als vorwiegend nicht waidgerecht erlegtes und verarbeitetes Wild auf dem Teller landete.

Wild frisst Pilz, ist also atomar verseucht. Laut Umweltinstitut München leben heute noch 270.000 Menschen in Gebieten, die nach der Reaktorkatastrophe von Tschernobyl radioaktiv verseucht sind; beim Kauf von Wild und Pilzen ist darauf zu achten, dass die Produkte nicht aus diesen Hauptkontaminationsgebieten stammen. Auch in Südbayern und in Teilen Sachsens wurden erhöhte Cäsium-Werte gemessen. Ansonsten kann für Wild keine höhere Belastung festgestellt werden als für andere Nahrungsmittel auch.

Die Fürsten früher futterten vor allem Wild und bekamen die Gicht. Portale wie „eatsmarter" stellen fest, dass Wildbret mehr Eiweiß und Nährstoffe enthält als Fleisch von Schlachttieren. Außerdem ist es weniger fett. Bestehen Zweifel an der Höchst-qualität, sollte durchgebraten werden – aber wer kauft schon minderwertiges Wild?

Nur Tierquäler jagen. In der Tat: Fleischessen setzt den Tod des Tieres voraus, sonst wäre es ja grausam. Geschichten von angeschossenen Tieren, die sich durchs Gebüsch schleppen, sind eingängig, haben aber wenig mit der Realität zu tun, da Spürhunde eingesetzt werden. Moderne Flintenmunition ermöglicht rascheres Töten als dies in Schlachthäusern praktikabel ist.

Jäger? Das sind Männerbünde mit ausgeprägter Rechtslastigkeit. Verglichen mit anderen Ausbildungsberufen, hat die Jägerei tatsächlich noch nicht übermächtig auf Frauen ausgestrahlt. Ob jedoch in jedem Mann wirklich ein Jäger schlummert, die Erwägung dieser Frage überlassen wir Unterhaltungszeitschriften und Dating-Tipp-Seiten. Das Zünftige, versehen mit so allerlei Brauchtum, es wirkt auf manche irgendwie befremdlich. In diesem Zusammenhang verweisen wir auf den Freischütz: „Was gleicht wo-hohl a-hauf Erden dem Jä-hä-gervergnü-hühühügen?"

Spaghetti
mit Rehbolognese

Rehbolognese Alle Gewürze bis auf das Lorbeerblatt fein mahlen. (Mit einem Mörser oder Multi-Zerkleinerer.) 3 EL Öl in einer Pfanne erhitzen und das Rehhack darin krümelig anbraten. Gemüse und Zwiebeln zufügen, kurz anschwitzen, dann das Tomatenmark, die Gewürzmischung und das Lorbeerblatt unterrühren. Mit Rotwein ablöschen und etwas einkochen lassen. Wildfond zufügen und bei kleinster Hitze 1–1,5 Std. köcheln lassen. Mit Salz abschmecken.

➤ Sollte die Bolognese zu stark eingekocht sein, mit etwas von dem Nudelkochwasser verdünnen.

Spaghetti Kurz vor Ende der Garzeit der Bolognese Spaghetti nach Packungsanleitung in reichlich kochendem Salzwasser al dente garen. In ein Sieb abgießen, dabei ca. 60 ml der Kochflüssigkeit auffangen. Spaghetti mit der Flüssigkeit in den Topf zurückgeben und das restliche Öl unterheben.

Mithilfe einer Fleischgabel die Spaghetti zu Nestern aufdrehen und mittig auf einem Teller platzieren. Die Bolognese darüber verteilen, mit Parmesanspäne und Bärlauch bestreut servieren.

Rehbolognese
2 Stück Langer Pfeffer
3 Wacholderbeeren
3 g getrocknete Chiliflocken
4 g Zimtblüte
3 g Macis (Muskatblüte)
6 EL Olivenöl
400 g Rehhack (Wildhändler)
80 g Karotte, fein gewürfelt
80 g Sellerie, fein gewürfelt
½ Stange Lauch / Porree,
in feine Ringe geschnitten
1 Zwiebel, fein gewürfelt
2 EL Tomatenmark
1 Lorbeerblatt
300 ml Rotwein
200 ml Wildfond,
siehe Grundrezept S. 136
Salz
350 g Spaghetti

80 g Parmesan am Stück
½ Bund Bärlauch,
Blätter und Blüten

Rehnuss, Pflaumenknödel, eingelegte Pflaumen

Eingelegte Pflaumen und die Soße Portwein mit Orangensaft und Wildgewürz einmal aufkochen und mit den Pflaumen in ein sauberes Schraubglas füllen. 24 Std. durchziehen lassen. Die Flüssigkeit abgießen und zusammen mit dem Wildfond auf 300 ml einkochen. Falls nötig, mit der in wenig kaltem Wasser angerührten Speisestärke binden. (Pflaumen, die nicht für die Knödel verwendet wurden, wieder in die Soße geben.)

Pflaumenknödel Die Kartoffeln auf einem Backblech verteilen und bei 180 °C im Ofen ca. 50 Min. garen. Noch heiß pellen und durch die Kartoffelpresse drücken. Mit Mehl, Eigelb und Gewürzen zu einem Teig verkneten. Mit bemehlten Händen kleine Bällchen formen, ein Loch hineindrücken, mit einer Pflaume füllen und den Kartoffelteig drum herum gut verschließen.

Die Knödel in leicht kochendem Salzwasser in 10 – 15 Min. gar ziehen lassen. Butter in einer kleinen Pfanne aufschäumen und die Semmelbrösel unterrühren. Knödel mit der Semmelbutter servieren.

Rehnüsse auf ein Backblech legen und bei 90 °C im Ofen 1,5 Std. garen. Mit einem Fleischthermometer die Kerntemperatur messen. Sie sollte 58 °C betragen. Das Öl in einer großen Pfanne erhitzen. Die Rehnüsse mit Salz und Pfeffer würzen und zusammen mit Knoblauch und Kräutern von allen Seiten braun anbraten.

Die Rehnüsse schräg anschneiden und zusammen mit der Soße, den Pflaumen und den Knödeln anrichten.

Eingelegte Pflaumen und Soße zur Rehnuss
500 ml roter Portwein
50 ml Orangensaft, frisch gepresst
2 EL Wildgewürz,
siehe Grundrezept S. 140
300 g Backpflaumen ohne Stein
400 ml Wildfond,
siehe Grundrezept S. 136
1 TL Speisestärke

Pflaumenknödel
500 g mehlig kochende Kartoffeln
160 g Mehl
1 Eigelb
Salz
Pfeffer
Muskatnuss
20 eingelegte Pflaumen
(siehe oben)
60 g Butter
60 g Semmelbrösel

Rehnuss
4 Stücke Rehnuss à 400 g
6 EL Rapsöl
Salz
Pfeffer
2 Zehen Knoblauch, angedrückt
2 Zweige Rosmarin
4 Zweige Thymian

Rehrücken, Petersilienpüree, Grießnocken, Zitronengel, Zitronenmayo

Rehrücken Rehrücken auf ein Backblech legen und bei 140 °C im Ofen ca. 50 Min. garen. Mit einem Fleischthermometer die Kerntemperatur messen. Bei 55 °C in der Mitte ist der Rücken fertig. Butter in einer Pfanne zerlassen, den Rehrücken mit Salz und Pfeffer würzen und von beiden Seiten braun anbraten. Zum Anrichten in vier gleich große Stücke schneiden.

Die Wildsoße in einem kleinen Topf um ein Drittel einreduzieren und mit der in wenig kaltem Wasser angerührten Speisestärke binden.

Petersilienpüree Schalotten schälen und in Würfel schneiden. Petersilienwurzeln schälen und ebenfalls fein würfeln. Die Butter in einer Pfanne zerlassen und die Schalotten anschwitzen. Petersilienwurzeln dazugeben und 3 Min. mitdünsten. Mit dem Fond aufgießen und 15 Min. weich kochen. Mit Salz, Pfeffer, Muskat und Zitronenabrieb abschmecken. Mit Crème fraîche und Petersilie fein pürieren, zum Schluss noch einmal durch ein Sieb passieren.

Grießnocken Milch mit Butter und Salz aufkochen, Grieß unter Rühren einrieseln lassen. Herdplatte ausschalten und so lange weiterrühren, bis eine teigartige Konsistenz entstanden ist. Eier zügig unterrühren und die Masse abkühlen lassen. Dann mit nassen Händen kleine Bällchen formen und in leicht kochendem Salzwasser 4–5 Min. garen lassen. BITTE UMBLÄTTERN →→

Rehrücken
600 g Rehrücken ohne Knochen
2 EL Butter
Fleur de Sel
Pfeffer
250 ml Wildsoße,
siehe Grundrezept S. 136
1 TL Speisestärke

Petersilienpüree
50 g Schalotten
600 g Petersilienwurzeln
50 g Butter
300 ml Geflügelfond
(aus dem Glas)
Salz
Pfeffer
Muskatnuss
Abrieb von ½ Bio-Zitrone
70 g Crème fraîche
100 g glatte Petersilie, gehackt

Grießnocken
500 ml Milch
120 g Butter
1 TL Salz
125 g Hartweizengrieß
2 Eier

Rehrücken,
Petersilienpüree, Grießnocken,
Zitronengel, Zitronenmayo

Zitronengel Wasser, Saft und Zucker mit den Limettenblättern und der längs und quer geteilten Stange Zitronengras ca. 20 Min. kochen. 2 EL für die Zitronenmajo abnehmen. Agar Agar einrieseln lassen und gründlich unterrühren. 1 Std. ziehen lassen und durch ein feines Sieb passieren. Das Gel in einen Spritzbeutel füllen.

Zitronenmayo Eigelb mit Zitronenfond und Salz in ein hohes schmales Gefäß geben. Das Öl langsam dazu gießen. Einen Pürierstab auf den Boden des Gefäßes stellen und auf höchster Stufe 10 Sek. laufen lassen, bis am Boden eine Mayonnaise entstanden ist. Dann den Stab langsam am Gefäßrand hochziehen. Zum Schluss mit dem Stab umrühren.

Rehrücken und Grießnocken auf einem flachen Teller platzieren. Mit zwei in heißes Wasser getauchten Esslöffeln Nocken aus dem Petersilienpüree abstechen und daneben setzen. Die Soße und Mayonnaise drumherum träufeln und Tupfen vom Zitronengel zufügen. Mit Petersilie dekorieren.

Zitronengel
250 ml Wasser
125 ml Zitronensaft, frisch gepresst
100 g Zucker
2 Kaffir-Limettenblätter, leicht angerissen
1 Stange Zitronengras
3 g Agar Agar

Zitronenmayo
2 Eigelb
2 EL Zitronenfond
(siehe Zitronengel)
1 Prise Salz
150 ml Zitronenöl
(Selbst hergestellt: Die Schale einer Bio-Zitrone und 2 Stangen längs geteiltes Zitronengras in eine Flasche Rapsöl füllen und 3 Tage ziehen lassen.)

½ Bund glatte Petersilie

SÖRENS JAGDGESCHICHTEN

TEIL 1

Ich bin kein Trophäenjäger, überhaupt nicht. Wie ich zur Jagd gekommen bin? Bei uns zu Hause, rings um Fellerdilln bei Haiger, gibt es zwar nicht so viel Hippes zu bestaunen, aber Wald und Wiesen sind überall. Es gab da einen Förster, Sänger mit Namen, in einem wunderschön gelegenen, nostalgischen Forsthaus. Ein Förster wie aus dem Bilderbuch: groß und stämmig mit Rauschebart. Später hat er mich sogar geprüft – wenn ich das gewusst hätte! Das Forsthaus hatte etwas Magisches, die Fantasie Anregendes, ich wollte da gar nicht wieder weg.

Als ich meinen Jugendjagdschein gemacht hab, ich war erst fünfzehn Jahre alt, hat mich meine Mutter jeden Dienstag in die Jägerschule nach Dillenburg gefahren. Alle zwei Wochen haben wir Schießen geübt, in Ehringshausen. Bei der Prüfung lief das so ab: Zuerst schießen, dann die schriftliche Prüfung, dann die mündliche. Die hat mir der Herr Sänger abgenommen. Und auf einmal hatte ich meinen Schein in der Tasche! Mein grünes Abitur. Mein Gott, war ich froh! Nach Bestehen der Jagdprüfung durfte ich das erste Mal selbst zur Jagd. Die Aufregung kann sich kein Mensch vorstellen. Das Forstgebiet da oben heißt die Struth, so ein Höhenzug zwischen Rothaargebirge und Wester-

wald. Wir haben uns immer bei Horst Ciliox in Rodenbach getroffen, das war der Pächter. Zusammen mit seinem Sohn Christian hat er mich zur Jägerprüfung geführt. Vor den Gesellschaftsjagden gab es meistens Hackbraten, die haben wir in der Küche geformt, bis zu 100 Stück, einfach irre.

Mein erster Abschuss war ein Knopfbock. Ich sehe es noch genau vor mir, wie ich auf dem Ansitz abwarte, bis ich keinen Impuls mehr im Zielfernrohr spüre. Es war der 27. Juni 2002. So etwas vergisst du nicht. Eine Riesenverantwortung hast du da: Man muss ja treffen! Sich bewusst sein, dass man einer Kreatur das Leben nimmt. Der eigene Herzschlag ist in einer Art und Weise zu spüren, wie man das sonst nicht erlebt. Auf einmal stand der Bock auf der Waldwiese. Da habe ich gemerkt: Ich kann das. Hinterher hab ich sofort meine Mutter angerufen: „Mama, sag mal dem Papa, er soll sofort einen Kasten Bier bringen, ich hab eben meinen ersten Bock geschossen!" Sie konnte das gar nicht fassen. Ich übrigens auch nicht. Ich glaube, sie war ein bisschen sauer; schließlich hat sie mich ja die ganze Zeit in die Jägerschule kutschiert, und dann ruf ich nach meinem Vater. Beide kamen nach Rodenbach. WEITER AUF S. 99

Damhirschnacken, Mixed Pickles, Eigelbcreme, Senfsaat-Vinaigrette

Damhirschnacken Das Fleisch am Vortag mit Salz und Pfeffer würzen und in heißem Öl in einem Bräter rundherum braun anbraten. Herausnehmen, Zwiebel, Suppengrün und Tomatenmark im Bratfett anschwitzen. Lorbeer, Wacholder und Thymian zufügen und mit dem Wein ablöschen. Leicht einkochen lassen und den Wildfond angießen. Das Fleisch wieder einlegen und den Bräter abgedeckt in den auf 140 Grad vorgeheizten Ofen stellen. 4 Stunden garen, den Braten zwischendurch wenden.

Das Fleisch herausnehmen, leicht abkühlen lassen und vorsichtig die Knochen auslösen. Gut trocken tupfen. Eine passende Kastenform (ca. 1 l Inhalt) mit Pergamentpapier auslegen und das Fleisch hinein geben. Mit Pergamentpapier abdecken, ein kleines Holzbrett darauf legen und alles mit Konservendosen beschweren. Über Nacht in den Kühlschrank stellen.

Am nächsten Tag den Schmorfond durch ein feines Sieb in einen anderen Topf passieren und bis auf 300 ml einkochen lassen. Zum Schluss mit der in wenig kaltem Wasser angerührten Speisestärke abbinden und mit Salz und Pfeffer abschmecken. Das Fleisch vorsichtig aus der Form stürzen, in „eckige" Stücke schneiden und in der Soße erwärmen.

Pickles Rettich Den Rettich schälen, in feine Scheiben hobeln und in ein großes Schraubglas schichten. Alle anderen Zutaten 2 Min. sprudelnd kochen lassen, dann über den Rettich geben. Das Glas sofort verschließen und auf den Kopf stellen. Auskühlen und mindestens 24 Stunden durchziehen lassen.

Pickles Karotte Karotten schälen, quer je nach Größe halbieren oder dritteln und längs in gleichmäßige Stifte schneiden. 2 Min. in kochendem Salzwasser blanchieren, abschrecken und in ein großes Schraubglas einschichten. Alle anderen Zutaten 2 Min. sprudelnd kochen, dann über die Karotten geben. Glas sofort verschließen, auf den Kopf stellen, auskühlen und mindestens 24 Stunden durchziehen lassen.

BITTE UMBLÄTTERN →→

Damhirschnacken
1,2 kg Nacken vom Damhirsch
Salz
Pfeffer
4 EL Öl
1 Zwiebel, gewürfelt
1 Bund Suppengrün, geputzt und gewürfelt
2 EL Tomatenmark
1 Lorbeerblatt
3 Wacholderbeeren
3 Zweige Thymian
250 ml Rotwein
400 ml Wildfond
1–2 TL Speisestärke

Pickles Rettich
1 großer weißer Rettich
1 l Wasser
125 ml weißer Balsamicoessig
100 g Zucker
2 TL Senfsaat
2 TL getrocknete Chiliflocken
4 Stück Langer Pfeffer
1 TL Salz

Pickles Karotten
1 kg Karotten
1 l Wasser
125 ml weißer Balsamicoessig
100 g Zucker
2 Stangen Vanille, längs aufgeschlitzt und das Mark heraus gekratzt
4 Sternanis
4 Stück Langer Pfeffer
1 TL Salz

DAMHIRSCHNACKEN, MIXED PICKLES, EIGELBCREME, SENFSAAT-VINAIGRETTE

Pickles Sellerie Den Sellerie schälen und in gleichmäßige Würfel schneiden. Die Würfel 2 Min. in kochendem Salzwasser blanchieren, abschrecken und in ein großes Schraubglas füllen. Alle anderen Zutaten 2 Min. sprudelnd kochen lassen, dann über den Sellerie geben. Das Glas sofort verschließen und auf den Kopf stellen. Auskühlen und mindestens 24 Stunden durchziehen lassen.

Eigelbcreme Die Eigelbe über dem heißen Wasserbad oder im Thermomix mind. 5 Min. dicklich cremig aufschlagen, mit Salz, Pfeffer und Tabasco würzen. Mit einer Spritztülle oder kleinem Trichter in eine Flasche füllen.

Senfsaat-Vinaigrette Alle Zutaten bis auf das Öl 15 Min. sanft köcheln lassen, abkühlen, das Öl unterschlagen und zum Schluss noch einmal mit Zucker, Salz und Pfeffer abschmecken.

Perlzwiebeln Perlzwiebeln 30 Sek. in kochendem Wasser blanchieren, abgießen und in eiskaltem Wasser abschrecken. Pellen. 500 ml Wasser mit den übrigen Zutaten aufkochen, die Zwiebeln dazugeben und 3 Min. köcheln lassen. Alles zusammen in ein sauberes Schraubglas füllen, verschließen und mind. 24 Std. durchziehen lassen.

Auf einem flachen Teller je 2 Stücke Damhirschnacken mit etwas Sauce anrichten. Die Mixed Pickles darauf verteilen. Einen Klecks Eigelbcreme und etwas Vinaigrette daneben träufeln. Mit Kerbelbättchen dekorieren.

Pickles Sellerie
1 Knolle Sellerie
1 l Wasser
125 ml weißer Balsamicoessig
100 g Zucker
2 Lorbeerblätter
4 Sternanis
4 Stück Langer Pfeffer
1 TL Salz

Eigelbcreme
6 Eigelb
Salz
Pfeffer
Tabasco

Senfsaat-Vinaigrette
200 ml Weißwein
50 ml weißer Balsamicoessig
3 EL Senfsaat
1–2 EL Zucker
½ TL Salz
2 Stück Langer Pfeffer, gemörsert
150 ml Olivenöl

Perlzwiebeln
500 g Perlzwiebeln
80 ml weißer Essig
100 g Zucker
2 TL Salz
3 Sternanis
5 Wacholderbeeren
3 Stück Langer Pfeffer

½ Bund Kerbel

SAURE NIERCHEN VOM DAMHIRSCH, NUSSBUTTERPÜREE

Saure Nierchen Die Nierchen 2 Std. wässern, dann sauber parieren (von Fett und Sehnen befreien) und in mundgerechte Stücke schneiden. Das Öl in einer Pfanne erhitzen, die Nierchen mit Salz und Pfeffer würzen und anbraten, die Butter in die Pfanne geben und weitere 2 Min. braten.

Die Nierchen herausnehmen. Wildsoße und Apfelessig in die Pfanne geben und stark einkochen lassen. Senf und Cornichons unterrühren und die Nierchen wieder in die Pfanne geben.

Nussbutterpüree Die Kartoffeln auf ein mit Salz bestreutes Backblech legen und bei 180 °C im Ofen ca. 50 Min. weich garen. Heiß pellen und durch eine Kartoffelpresse drücken. Die Butter im Topf schmelzen und leicht braun (Nussbutter) werden lassen. Die Butter mit Milch und Sahne unter das Püree mischen und mit Salz, Pfeffer und Muskatnuss abschmecken.

Schalotten schälen und in dünne Ringe schneiden, leicht mit Mehl bestäuben. Rapsöl in einer tiefen Pfanne auf 160 °C erhitzen und die Zwiebelringe knusprig ausbacken. Mit einer Schaumkelle herausheben und auf Küchenpapier abtropfen lassen.

2–3 EL Püree auf einen tiefen Teller geben, die Nierchen darüber verteilen. Mit Perlzwiebeln und Schalottenringen belegen, mit Senfkraut und Blüten anrichten.

Saure Nierchen
12 Nierchen vom Damhirsch,
beim Wildhändler vorbestellen
3 EL Öl
Salz
Pfeffer
40 g Butter
100 ml Wildsoße,
siehe Grundrezept S. 136
2 EL Apfelessig
1 EL Senf
4 Cornichons, fein geschnitten

Nussbutterpüree
500 g mehlig kochende Kartoffeln
500 g grobes Salz
125 g Butter
2 EL Milch
2 EL Sahne
Salz
Pfeffer
Muskatnuss

3 Schalotten,
in feine Ringe geschnitten
1 EL Mehl
10 EL Rapsöl

4 Zweige Senfkraut
essbare Blüten
2 EL Perlzwiebeln

Sauerbraten von der Gams
Wirsing, Kartoffelknödel

Sauerbraten & Soße Alle Zutaten für die Marinade verrühren und mit dem Fleisch in den Bratschlauch füllen. Den Schlauch fest verschließen und im Kühlschrank 7 Tage durchziehen lassen. Täglich wenden.

Das Fleisch aus der Marinade nehmen und gut abtrocknen. Dabei die Marinade auffangen. Öl in einem Bräter erhitzen, das Fleisch von allen Seiten braun anbraten, salzen, pfeffern und wieder herausnehmen. Im Bratfett Gemüse, Zwiebel und Tomatenmark anschwitzen, die gesiebte Marinade hinzu fügen und aufkochen.

Das Fleisch wieder in den Bräter legen, dabei die Gewürze aus der Marinade mit hinein geben. Bräter verschließen und den Sauerbraten bei 140 °C im Ofen ca. 4 Std. garen. Das Fleisch herausnehmen und in Alufolie gewickelt ruhen lassen.

Den Bratfond durch ein Sieb in einen Topf passieren und auf die Hälfte einkochen lassen. Speisestärke in 2 EL kaltem Wasser anrühren und Bratenfond damit binden. Mit Crema di Balsamico abschmecken.

Wirsing Kohl vierteln, den Strunk entfernen und in feine Streifen schneiden. Die Streifen 1–2 Min. in kochendem Salzwasser blanchieren, in ein Sieb abgießen und beiseite stellen. Lorbeerblatt mit den beiden Nelken an der Schnittstelle der Zwiebel befestigen und mit der Milch aufkochen. 5 Min. ziehen lassen. Zwiebel entfernen. In einem Topf die Butter schmelzen, das Mehl einrühren und unter ständigem Rühren die Milch zufügen. Unter Rühren weiter köcheln, bis eine cremige Konsistenz erreicht ist. Mit Salz und Muskat abschmecken, die Wirsingstreifen unterrühren und erwärmen. BITTE UMBLÄTTERN →→

Sauerbraten
600 g Gamsnuss (aus der Keule)
1 Bratschlauch

Marinade
500 ml Apfelsaft
500 ml Rotwein
100 ml Rotweinessig
80 g Zucker
1 TL Salz
½ Bund Suppengrün, geputzt, grob geschnitten
5 Wacholderbeeren
2 Sternanis
3 Nelken
3 Stück Langer Pfeffer
1 TL Zimtblüte
2 Lorbeerblätter

Soße
3 EL Rapsöl
Salz
Pfeffer
1 Bund Suppengrün, geputzt, fein geschnitten
1 Zwiebel in feinen Würfeln
1 EL Tomatenmark
1–2 TL Speisestärke
2 EL Crema di Balsamico

Wirsing
1 mittelgroßer Kopf Wirsing
1 frisches Lorbeerblatt
2 Nelken
½ Zwiebel
650 ml Milch
40 g Butter
40 g Mehl
Salz
Muskatnuss

Sauerbraten von der Gams
Wirsing, Kartoffelknödel

Kartoffelknödel Alle Kartoffeln auf ein mit Salz bestreutes Backblech legen und bei 180 °C im Ofen ca. 50 Min. weich garen. Heiß pellen und durch eine Kartoffelpresse drücken. 500 g Kartoffeln mit Mehl, Stärke, Grieß und Eigelb verkneten und den Teig mit Salz, Pfeffer und Muskat abschmecken. Golfballgroße Knödel formen und in leicht köchelndem Salzwasser ca. 15 Min. garen lassen. Sie sind fertig, wenn sie oben schwimmen.

Wirsingchips Die harten äußeren Blätter vom Wirsing entfernen. Die schönen äußeren Blätter ohne Mittelrippe in mundgerechte Stücke reißen. 2 Min. in kochendem Salzwasser blanchieren, abgießen und in kaltem Wasser abschrecken. Stücke mit Küchenpapier gut abtrocknen. Öl in einem Topf auf 160 °C erhitzen und die Stücke knusprig ausbacken. Auf Küchenpapier entfetten und mit Salz und etwas Currypulver würzen.

Kartoffelchips 200 g gekochte Kartoffeln von der Knödelmasse mit einem Mixstab so lange pürieren, bis die Masse klebrig wird. Esslöffelweise auf einen Bogen Backpapier setzen und dünn verstreichen. Das Papier auf ein Backblech ziehen und die Chips bei 140 °C ca. 1 Std. im Ofen trocknen.

Fleisch in Scheiben schneiden und mit der Soße nappieren. Mit Mandelblättchen und Rosinen bestreuen. Rahmwirsing, Kartoffelknödel und Chips dazu servieren.

Kartoffelknödel
700 g mehlig kochende Kartoffeln
160 g Mehl
100 g Kartoffelstärke
50 g Grieß
2 Eigelb
Salz
Pfeffer
Muskat

Wirsingchips
1 kleiner Wirsing
½ l Pflanzenöl
1 TL Currypulver
Salz

Kartoffelchips
200 g Kartoffeln von der Knödelmasse

2 EL Mandelblättchen, in einer Pfanne trocken angeröstet

2 EL helle Rosinen

SÖRENS JAGDGESCHICHTEN

TEIL 2

Normalerweise wird der Drilling, das typische drei-läufige Jagdgewehr, weitervererbt. Aber ich bin ja der einzige Jäger in der Familie. Also hat mir mein Vater einen gekauft und mir in die Hand gedrückt. Was für ein Moment! Diesen Drilling führe ich noch heute mit Stolz.

Nach meiner Kochausbildung kam ich zunächst in einen Betrieb im Westerwald, ein tolles Waldgebiet. Es lief da ganz anders ab als ich das bisher gewohnt war, nicht so gemächlich. Ständig gab es hungrige Gäste. Das Haus hatte ein eigenes Damwild-Ge-hege. Wir gingen natürlich auch auf die Jagd. Schon damals war Niederwild rar. Alle wussten, dass beim Jagen mit mir zu rechnen war. Ich wohnte unter der Dachschräge auf ungefähr acht Quadratmetern. Ich war immer vor Ort, und so was kann durchaus Nachteile haben. Hatten die Gäste vorher üppig Wild bestellt, rief der Chef zu den unmöglichsten Zeiten zur mir hoch: „Hey, los, raus auf den Hoch-sitz! Guck, dass du was in die Pfanne kriegst!" Da war man gefordert. So lernst du Verantwortung zu übernehmen. Und du bekommst Übung.

Durch ein von Martin Weber verfasstes Porträt von mir in der Zeitschrift „Pirsch" habe ich ein sehr nettes Ehepaar kennengelernt, Friedel und Rosi. Die hatten gelesen, dass ich gern mal einen Muffel schießen würde. Sie haben mich sodann ins Sauer-land eingeladen, einfach so! Es ist wunderschön da, rund um Brilon. Beim ersten Besuch habe ich in einem kleinen Landhotel gewohnt. Rosi war noch in Kur und ziemlich erstaunt, als Friedel sie ange-rufen hat: „Der Sören kommt!" Mit ihm konnte ich meinen ersten Muffelwidder erlegen, auf einer der wohl höchsten Kanzeln im gesamten Sauerland.

Wenn man einen Jagdführer mit Erfolgsgarantie buchen will, muss man den Friedel nehmen. Für die Jagd war bei ihm immer alles perfekt vorberei-tet. „Das Erlebnis, die Freude zählt!", sagt er immer. Es herrscht eine wunderbare Gemeinschaftlichkeit, auch auf den Heimatabenden, die dort gefeiert wurden. Außerdem kann der Friedel Schnee be-stellen. Und Hirsche ins Revier zaubern! Und Rosi macht das beste Hüttencatering der Welt. Ihr Sauer-braten ist einfach himmlisch.

Es war die Woche nach Silvester. Eine herrliche Fahrt in einem Geländewagen durch das dicht ver-schneite Revier. Wir fuhren an einem Dickungs-Weg vorbei: der erste Widder. WEITER AUF S. 113

MUFFELRÜCKEN, AUBERGINE, KIRSCHTOMATEN

Muffelrücken Den Muffelrücken evtl. von Haut und Sehnen befreien, auf ein Backblech legen und bei 140 °C im Ofen ca. 2 Std. garen. Mit einem Fleischthermometer die Kerntemperatur messen. Sie sollte mind. 55 °C betragen. Die Butter in einer Pfanne aufschäumen. Das Fleisch salzen und pfeffern und zusammen mit Knoblauch und Kräutern von allen Seiten braun anbraten. Zum Servieren in 4 gleich große Stücke schneiden.

Eingelegte Auberginen Auberginen waschen und längs in dünne Scheiben schneiden, leicht salzen und 20 Min. ziehen lassen. Gründlich mit Küchenpapier abtrocknen und in heißem Rapsöl in einer Grillpfanne von beiden Seiten je 4 Min. braten. Mit etwas Salz und Pfeffer würzen. Die Scheiben zusammen mit der Hälfte von Knoblauch und Kräutern in ein großes Schraubglas schichten, mit Olivenöl bedecken und verschließen. Mind. 24 Std. ziehen lassen.

Eingelegte Kirschtomaten Kirschtomaten halbieren, auf einem mit Backpapier ausgelegten Blech verteilen, mit Puderzucker bestreuen und bei 80 °C 2 Std. lang im Ofen trocknen. Mit Salz und Pfeffer würzen und mit der anderen Hälfte von Knoblauch und Kräutern in ein Schraubglas füllen. Mit Olivenöl bedecken und verschließen. Ebenfalls 24 Std. durchziehen lassen.

Je ein Stück Muffelrücken auf einer Auberginenscheibe anrichten. Kirschtomaten, zerbröckelten Ziegenfeta, Oliven und Olivenkraut drum herum verteilen. Mit etwas von dem Gewürzöl beträufeln.

Muffelrücken
600 g Muffelrücken
50 g Butter
Salz
Pfeffer
2 Zehen Knoblauch, angedrückt
1 Zweig Rosmarin
3 Zweige Thymian

Eingelegte Auberginen und Kirschtomaten
2 große Auberginen
6 EL Rapsöl
Salz
Pfeffer
4 Zehen Knoblauch, angedrückt
4 Zweige Rosmarin
8 Zweige Thymian
100 ml Olivenöl
500 g Kirschtomaten
60 g Puderzucker

Außerdem
100 g Ziegenfeta
(aus dem türkischen Supermarkt)

60 schwarze Oliven, ohne Stein
Olivenkraut

WILDSCHWEINLEBERSPIESSE

Wildschweinleberspieße Leber in gleichmäßige Stücke à 20 g schneiden. Äpfel schälen, in je 8 Spalten schneiden, Gehäuse entfernen und sofort in kaltes Wasser mit etwas Zitronensaft legen, damit sie nicht braun werden. Zucker auf den Boden einer Pfanne streuen und bei mittlerer Hitze schmelzen. Sobald der Karamell hellbraun wird, 30 g Butter unterrühren und die Apfelspalten für 2 bis 3 Min. in der Mischung wenden.

Pro Spieß abwechselnd je 2 Leberstücke, Apfelspalten und Perlzwiebeln aufstecken.

Schalotten schälen und in dünne Ringe schneiden, leicht mit Mehl bestäuben. Rapsöl in einer tiefen Pfanne auf 160 °C erhitzen und die Zwiebelringe knusprig ausbacken. Mit einer Schaumkelle herausheben und auf Küchenpapier abtropfen lassen.

Restliche Butter in einer großen Pfanne zerlassen und die Spieße rundum 3 bis 4 Min. bei mittlerer Hitze braten.

Perlzwiebeln Perlzwiebeln 30 Sek. in kochendem Wasser blanchieren, abgießen und in eiskaltem Wasser abschrecken. Pellen. Die übrigen Zutaten in 500 ml Wasser aufkochen, die Zwiebeln dazugeben und 3 Min. köcheln lassen. Alles zusammen in ein sauberes Schraubglas füllen, verschließen und mind. 24 Std. durchziehen lassen.

Pro Teller je 3 Leberspieße überkreuz anrichten, mit Zwiebelringen belegen und Preiselbeeren drum herum verteilen. Nach Wunsch mit Petersilie bestreuen.

Wildschweinleberspieße
320 g Wildschweinleber, sauber geputzt
2 kleine Äpfel
1 Spritzer Zitronensaft
30 g Zucker
70 g Butter
Kleine Bambusspieße für Saté (aus dem Asialaden)
100 g Perlzwiebeln, (siehe Rezept darunter)

3 Schalotten
1 EL Mehl
10 EL Rapsöl

Perlzwiebeln
500 g Perlzwiebeln
500 ml Wasser
80 ml weißer Essig
100 g Zucker
2 TL Salz
3 Sternanis
5 Wacholderbeeren
3 Stück Langer Pfeffer

2 EL Preiselbeeren (Glas)
1 EL Petersilie, gehackt

WILDSCHWEINBURGER, SCHALOTTENMARMELADE, BBQ-SAUCE

Wildschweinpatties Das Hack mit Speck, Zwiebeln, Petersilie und Gewürzen verkneten, mit Salz und Pfeffer würzen. 4 gleich große, flache „Patties" daraus formen und in heißem Öl von beiden Seiten braun braten. Auf Küchenpapier abtropfen lassen.

Briochebrötchen Milch, Zucker, Hefe mischen und leicht erwärmen. Ca. 60 Min. gehen lassen. Eier und Mehl hinzufügen. Etwa 10 Min. kneten. Die kalte Butter in Flöckchen einarbeiten und das Salz hinzugeben. 1 Std. gehen lassen.

Den Teig nochmals durchkneten und in kleine Brötchen formen. Auf ein gefettetes und bemehltes Backblech legen. (Achtung: Abstand lassen. Die Brötchen gehen noch auf.) Dann die Briochebrötchen nochmals ca. 1 Std. gehen lassen. Die Brötchen mit Eigelb bestreichen und mit Sesam bestreuen. Den Ofen auf 140 °C vorheizen, Briochebrötchen ca. 40 Min. backen.

Schalottenmarmelade Schalotten schälen, längs teilen und quer in feine Streifen schneiden. Den Zucker in einer Pfanne hellbraun karamellisieren und die Zwiebelstreifen unterrühren. Ingwer, Chili und Thymian zufügen und mit dem Rotwein aufgießen. So lange einkochen, bis eine marmeladenartige Konsistenz erreicht ist. Zum Schluss mit Salz abschmecken. Die Gewürze wieder herausfischen und die Marmelade in ein sauberes Schraubglas füllen.

BBQ-Sauce Tomaten überkreuz einritzen, mit kochendem Wasser überbrühen und Haut abziehen. Möglichst klein schneiden, mit Knoblauch, Tomatenmark, Zucker, Honig und Gewürzen in einen Topf geben und unter Rühren ca. 20 Min. kochen. Mit Fond, Essig, Cola und Worcestersauce auffüllen und weitere 30 Min. einkochen, bis eine dickliche Konsistenz erreicht ist. Mit Salz abschmecken. Durch ein feines Sieb streichen und in ein sauberes Schraubglas füllen. Mindestens über Nacht durchziehen lassen.

Brötchen waagerecht halbieren. Die untere Hälfte mit Tomaten, Gurken, Rauke und Patties belegen. Schalottenmarmelade und BBQ-Sauce daraufgeben und den Deckel aufsetzen.

Wildschweinpatties
500 g Wildschweinhack
80 durchwachsener Speck, sehr fein gewürfelt
1 Zwiebel, fein gewürfelt
½ Bund Petersilie, fein gehackt
1 EL Berbere-Gewürzmischung
Salz, Pfeffer
4 EL Rapsöl

Briochebrötchen
60 ml Milch, lauwarm
40 g Zucker
30 g Hefe
5 Eier
500 g Mehl, Mehl zum Arbeiten
300 g kalte Butter
1 TL Salz
1 Eigelb
je 1 TL weißer + schwarzer Sesam

Schalottenmarmelade
(ergibt ca. 500 g)
250 g Schalotten
200 g brauner Zucker
1 walnussgroßes Stück Ingwer, geschält und fein gerieben
1 rote Chili, längs halbiert, entkernt
2 Zweige Thymian
1 Flasche Rotwein
Salz

BBQ-Sauce (ergibt ca. 500 ml)
500 g Flaschentomaten
2 Zehen Knoblauch, fein gehackt
1 EL Tomatenmark
2 EL brauner Zucker
3 EL Honig
1 Lorbeerblatt
1 TL Kreuzkümmel, gemahlen
2 TL geräuchertes Paprikapulver
2 Stück Langer Pfeffer, gemahlen
200 ml Geflügelfond
50 ml roter Balsamicoessig
60 ml Cola
2 EL Worcestersauce
Salz

2 Tomaten, in Scheiben
½ Salatgurke, in Scheiben
4 Gewürzgurken, längs in Scheiben
1 kl. Bund Rauke

WILDSCHWEINHAXEN, MAISKÜCHLEIN

Wildschweinhaxen Am dünnen Ende der Haxen die Knochen frei schaben. Haxen mit Salz und Pfeffer würzen und in einem großen Bräter in heißem Öl von allen Seiten braun abraten. Die Haxen herausnehmen, Zwiebel- und Gemüsewürfel im Bratfett anschwitzen. Tomatenmark und Wildgewürz unterrühren, mit Rotwein ablöschen und einkochen lassen. Wildfond dazu gießen, aufkochen und die Haxen wieder einlegen. Zugedeckt bei 140 °C im Ofen 3,5 Std. schmoren. Die Haxen herausnehmen, den Schmorfond durch ein Sieb in einen Topf passieren und weiter einreduzieren, bis eine leicht dickliche Konsistenz erreicht ist. Mit Salz und Pfeffer und evtl. mit Senf abschmecken. Bei Bedarf mit der in wenig Wasser angerührten Speisestärke binden.

Maisküchlein Die Maiskörner vom Kolben schneiden und fein pürieren. Das Püree mit Eigelb und Weizenbier verrühren, dann Mehl und Cornflakes unterheben. Das Eiweiß mit einer Prise Salz steif schlagen und zum Schluss unter den Teig heben.

Butter in einer Pfanne zerlassen. Pro Maisküchlein 1 EL Teig in die Pfanne geben und von jeder Seite in ca. 1 Min. goldgelb backen. Mit dem restlichen Teig genauso verfahren.

Haxen mit der Soße überziehen und mit Wildkräutern und Nüssen bestreuen. Restliche Soße und die Maisküchlein dazu servieren.

Wildschweinhaxen
4 Wildschweinhaxen
Salz
Pfeffer
4 EL Rapsöl
1 Zwiebel, gewürfelt
1 Bund Suppengrün,
geputzt und gewürfelt
2 EL Tomatenmark
2 TL Wildgewürz,
siehe Grundrezept S. 140
300 ml Rotwein
500 ml Wildfond,
siehe Grundrezept S. 136
1 EL Senf
1 TL Speisestärke

Maisküchlein
1 Maiskolben, gekocht
3 Eier, getrennt
250 ml Kristall Weizenbier
100 g Mehl
2 EL Cornflakes, fein zerdrückt
Salz
40g Butter

2 EL Haselnüsse,
trocken geröstet und grob gehackt
sowie eine handvoll Steinklee
und Giersch

WILDSCHWEINKEULE,
SPARGEL, QUITTENCHUTNEY

Wildschweinkeule Die Fettschicht der Wildschweinkeule mit einem scharfen Messer einritzen. Das Fleisch mit Salz und Pfeffer würzen und in einem Bräter in heißem Öl rundherum braun anbraten, herausnehmen.

Zwiebeln und Suppengrün im Bratfett anschwitzen, Tomatenmark und Gewürze unterrühren. Mehrfach mit Rotwein ablöschen und wieder einkochen lassen, dann den Wildfond aufgießen. Die Keule wieder in den Bräter geben, das Ganze mit Deckel bei 120 °C ca. 5 Std. im Ofen garen. In der letzten Std. den Deckel abnehmen und den Braten wenden.

Nach Ende der Garzeit die Keule aus dem Bräter nehmen und in Alufolie gewickelt im ausgeschalteten Ofen ruhen lassen. Den Schmorfond durch ein feines Sieb in einen Topf passieren, Gin hinzufügen und weitere 20 Min. einreduzieren. Zum Schluss mit der in wenig Wasser angerührten Speisestärke binden und mit Salz und Pfeffer abschmecken.

Spargelragout Den Spargel schälen und die holzigen Enden abschneiden. Die Stangen in kochendem Salzwasser 5 – 6 Min. blanchieren. Nach 3 Min. die grünen Spitzen dazugeben, dann abgießen und eiskalt abschrecken. Spargel in mundgerechte Stücke schneiden, die Spitzen beiseite legen.

30 g Butter in einem Topf schmelzen, das Mehl einrühren und unter ständigem Rühren den Fond angießen. Ca. 15 Min. dicklich einkochen lassen, Spargelstücke und Petersilie unterheben und zum Schluss mit Salz, Pfeffer und Muskatnuss abschmecken.

Restliche Butter in einer Pfanne zerlassen und die Spargelspitzen darin erhitzen, leicht salzen. BITTE UMBLÄTTERN →→

Für 8 Personen

Wildschweinkeule
2 kg Wildschweinkeule, ausgelöst
Salz
Pfeffer
4 EL Rapsöl
2 Zwiebeln, gewürfelt
1 Bund Suppengrün,
geputzt und gewürfelt
2 EL Tomatenmark
1–2 EL Wildgewürz,
siehe Grundrezept S. 140
1 Zweig Rosmarin
6 Wacholderbeeren
500 ml Rotwein
500 ml Wildfond,
siehe Grundrezept S. 136
6 cl Gin
2 TL Speisestärke

Spargelragout
1 kg weißer Spargel,
300 g grüne Spargelspitzen
70 g Butter
30 g Mehl
600 ml Geflügelfond
1 kl. Bund Petersilie, fein gehackt
Salz
Pfeffer
Muskatnuss

WILDSCHWEINKEULE, SPARGEL, QUITTENCHUTNEY

Quittenchutney Die Quitten schälen (Schalen aufbewahren), vierteln, das Kerngehäuse entfernen und in 1/2 cm große Würfel schneiden.

In einer großen Pfanne den Zucker zu hellbraunem Karamell schmelzen. Die Quittenschalen und alle Gewürze zufügen, dann mit den Säften und Essig ablöschen. 20 Min. köcheln lassen und durch ein feines Sieb in einen anderen Topf passieren. Die Quittenwürfel in dem Sud weichkochen und reduzieren, bis eine marmeladenartige Konsistenz erreicht ist. Noch heiß in saubere Schraubgläser füllen. Verschlossen hält es sich mehrere Wochen.

3 – 4 EL Spargelragout in die Mitte eines Tellers setzen. Darauf eine Scheibe Wildschweinkeule legen und mit Soße nappieren. Kleine Nocken vom Quittenchutney daneben platzieren, mit Spargelköpfen und fetter Henne dekorieren.

➤ Aufgrund der unterschiedlichen Erntezeit von Spargel und Quitten, können statt Spargel auch Schwarzwurzeln verwendet werden.

Quittenchutney
(ergibt 3 Gläser à 200g)
400 g Quitten
100 g Zucker
10 g Ingwer
2 Kardamom Kapseln
5 Szechuan Pfefferkörner
1 Streifen Orangenschale
1 Sternanis
1 rote Chilischote
200 ml Orangensaft
200 ml Apfelsaft
50 ml Champagneressig
(alternativ Apfelessig)

4 Knospen fette Henne

SÖRENS JAGDGESCHICHTEN

TEIL 3

Mir wurde ganz anders. So leise wie möglich hab ich die Autotür aufgemacht. Bin hin gerobbt ... aber es sollte noch nicht sein, der Widder sprang ab. Einige Meter weiter stand in einer Rückeschneise bergab ein imposantes Exemplar. Friedel sagte: „Schieß!" Jetzt ging es für uns beide bergab zum Anschuss. Den Drilling auf die Brust gespannt auf dem Hosenboden über 100 Meter den Steilhang hinab. Friedel und mir wurde ganz anders. Am Anschuss fanden wir Schweiß. Nach ungefähr 60 Metern lag das Tier. Meinen dritten Muffel habe ich an der selben Stelle geschossen. Aber da hat Friedel zu mir gemeint: „Diesmal gehste alleine." Nach der Jagd wurde stets gesungen, Schnaps getrunken, Brauchtum, wie es sich gehört. Wirklich herrlich, das Sauerland. Jagdlich hat Karlsruhe da nicht so viel zu bieten – aber kulinarisch!

Ich hatte gehört, dass die Gamsjagd unheimlich anstrengend ist. Das sollte sich bestätigen. Ich habe extra dafür trainiert: CorpoSano – heißt die Physio-Praxis im nahen Waldbronn. Für Deutschland ist es außerdem extrem schwer, eine Erlaubnis zu kriegen. Meine erste Gams habe ich bei Garmisch erlegt. Jagdführer war Hubert Tischer. Das Gebiet liegt auf gut 1.300 Metern Höhe. Eigentlich war eine Übernachtung geplant, in einer Hütte, aber es gab da einfach viel zu viele Mäuse. „Die knabbern dir das Gewehr an", hat der Hubert gemeint.

Ich hatte mir die komplette Ausrüstung besorgt, Zielstock und so. „Das brauchst du alles nicht", war der Kommentar des Jagdführers. „Aber eine Steige brauchst du, zum Runtertragen. Wenn du was triffst." Es war eine richtig anstrengende Arbeit. Auf dem ersten Plateau bin ich bis über den Kopf im Sumpf versunken, habe mich aber wieder herausgearbeitet aus dem Loch.

In Serpentinen ging es nach oben, immer höher, immer höher. Zuerst sahen wir eine Gamsherde, die hatten Bergsteiger losgetreten. Wieder eine Gamsherde, aber kein Bock. Weiter. Und dann stand er plötzlich auf dem Felsvorsprung, zwischen zwei Bergen – ein Anblick wie im Heimatfilm! Auf dem Bauch bin ich ran gekrochen, dann hab ich ihn geschossen. Ich hab den Bock versorgt und aufgebrochen, den Gamsbart gezupft. Die gut 35 Kilo hab ich dann alleine runtergetragen, den ganzen Weg. Unten habe ich den Bock ins Auto gepackt. Morgens um 5 Uhr war ich losgefahren, nachts um 22 Uhr wieder zu Hause. Was für ein Tag!

WILDSCHWEINROLLBRATEN, SPITZKOHLSALAT

Wildschweinrollbraten Die Schulter auf der Arbeitsfläche ausbreiten und mit Salz und Pfeffer würzen. Butter in einer kleinen Pfanne zerlassen, Zwiebeln und Speck darin anschwitzen, aber keine Farbe annehmen lassen, Knoblauch und Rosmarin dazugeben. Pfanne vom Herd ziehen, Senf und Trockenfrüchte unterrühren. Die Mischung gleichmäßig auf den Braten streichen, dabei die Ränder freilassen. Den Braten aufrollen und mit Küchengarn binden. Das Öl in einem Bräter erhitzen und den Rollbraten darin von allen Seiten anbraten. Fleisch herausnehmen, Schalottenstreifen im Bratfett anschwitzen, Tomatenmark und Kräuter unterrühren, mit Bier und Fond ablöschen und aufkochen. Den Rollbraten wieder in den Bräter legen und geschlossen im Ofen bei 120 °C ca. 4 Std. garen. Einmal pro Std. wenden. Am Ende der Garzeit den Braten aus dem Bräter nehmen und locker in Alufolie gewickelt im ausgeschalteten Ofen ruhen lassen.

Bratenfond in einen Topf umfüllen, Kräuterstängel und Lorbeer entfernen. Sauce mit einem Schneidstab sehr fein pürieren und passieren, je nach gewünschter Konsistenz evtl. noch weiter einkochen und zum Schluss zügig die kalte Butter einarbeiten. Mit Salz und Pfeffer abschmecken.

Lauwarmer Spitzkohlsalat Den Spitzkohl vierteln, den Strunk herausschneiden und die Viertel in sehr feine Streifen schneiden. Den Kohl in reichlich kochendem Salzwasser 2 Min. blanchieren, eiskalt abschrecken und sehr gut abtropfen lassen.

In einer großen Pfanne das Öl erhitzen und Schalotten und Speck darin farblos anschwitzen. Mit Zucker bestreuen und leicht karamellisieren. Den Fond angießen und einmal aufkochen. Kohlstreifen unterheben, den Salat mit Essig, Salz und Pfeffer abschmecken.

Das Küchengarn vom Rollbraten entfernen und diesen in Scheiben schneiden. Mit Sauce und Spitzkohlsalat anrichten. Mit Kräutern und Blüten dekorieren.

Für 6 Personen
Wildschweinrollbraten
1,5 kg Wildschweinschulter, ausgelöst
Salz, Pfeffer
20 g Butter
200 g Zwiebeln, fein gewürfelt
100 g durchwachsener Speck, sehr fein gewürfelt
3 Zehen Knoblauch, fein gehackt
Nadeln von 1 Zweig Rosmarin, sehr fein gehackt
2 EL körniger Senf
8 Backpflaumen, sehr fein gehackt
5 Trockenaprikosen, sehr fein gehackt
6 EL Rapsöl
300 g Schalotten, in Streifen geschnitten
2 EL Tomatenmark
1 Zweig Rosmarin
2 Zweige Thymian
1 Lorbeerblatt
250 ml dunkles Bier
150 ml Wildfond
40 g sehr kalte Butter, in kleinen Würfeln
Küchengarn

Lauwarmer Spitzkohlsalat
1 großer Spitzkohl
3 EL Rapsöl
150 g Schalotten, in feine Streifen geschnitten
120 g durchwachsener Speck, fein gewürfelt
1 EL Zucker
125 ml Geflügelfond
40 ml weißer Balsamicoessig
Salz, Pfeffer

Gundermann, Estragonblüten

WILDSCHWEINRÜCKEN,
BBQ-SAUCE

Wildschweinrücken Saft, Wein und Wildgewürz verrühren. Den Wildschweinrücken mit der Mischung in den Gefrierbeutel geben. Fest verschließen und über Nacht im Kühlschrank marinieren. Den Rücken am nächsten Tag herausnehmen, trocken tupfen, mit Öl bepinseln und 25–30 Min. bei 120 °C auf einem Blech im Ofen garen.

Die Butter in einer Pfanne zerlassen, den Rücken salzen und von allen Seiten anbraten.

Eingelegte Kirschtomaten Kirschtomaten halbieren, auf einem mit Backpapier ausgelegten Blech verteilen, mit Puderzucker bestreuen und bei 80 °C 2 Std. lang im Ofen trocknen. Mit Salz und Pfeffer würzen und mit Knoblauch und Kräutern in ein Schraubglas füllen. Mit Olivenöl bedecken und verschließen. 24 Std. durchziehen lassen.

BBQ-Sauce Tomaten überkreuz einritzen, mit kochendem Wasser überbrühen und die Haut abziehen. Tomaten möglichst klein schneiden, mit Knoblauch, Tomatenmark, Zucker, Honig, Lorbeerblatt und Gewürzen in einen Topf geben und unter ständigem Rühren ca. 20 Min. kochen. Mit Fond, Essig, Cola und Worcestersauce auffüllen und weitere 30 Min. einkochen, bis eine dickliche Konsistenz erreicht ist. Mit Salz abschmecken. Durch ein feines Sieb streichen und in ein sauberes Schraubglas füllen. Mindestens über Nacht durchziehen lassen.

Den Rücken portionieren, mit Pinienkernen, Oliven und Kirschtomaten bestreuen.

Wildschweinrücken
0,3 l klarer Apfelsaft
0,5 l Weißwein
1 EL Wildgewürz ,
siehe Grundrezept S. 140
1,2 kg Wildschweinrücken ohne Schwarte, mit Knochen
1 großer Gefrierbeutel
3 EL Olivenöl
60 g Butter
Salz

Eingelegte Kirschtomaten
300 g Kirschtomaten
60 g Puderzucker
Salz
Pfeffer
2 Zehen Knoblauch, angedrückt
2 Zweige Rosmarin
4 Zweige Thymian
150 ml Olivenöl

BBQ-Sauce
(ergibt ca. 500 ml)
500 g Flaschentomaten
2 Zehen Knoblauch, fein gehackt
1 EL Tomatenmark
2 EL brauner Zucker
3 EL Honig
1 Lorbeerblatt
1 TL Kreuzkümmel, gemahlen
2 TL geräuchertes Paprikapulver
2 Stück Langer Pfeffer, gemahlen
200 ml Geflügelfond
50 ml roter Balsamicoessig
60 ml Cola
2 EL Worcestersauce
Salz

2 EL Pinienkerne, trocken geröstet
60 g schwarze Oliven ohne Stein

Wildschwein-Spareribs, Backkartoffel

Wildschwein-Spareribs Die Spareribs, wenn nötig, von der Silberhaut befreien. Mit Salz und Pfeffer würzen und in heißem Öl in einem großen Bräter von beiden Seiten anbraten. Den Fond angießen und einmal aufkochen. Abgedeckt im Ofen bei 140 °C ca. 3 Std. garen. Die Rippchen zwischendurch wenden.

Rippchen aus der Form nehmen, trockentupfen und großzügig mit Honig bepinseln. Auf ein Blech legen und unter dem Backofengrill gratinieren, bis sie knusprig braun sind.

Die Chilischote längs halbieren, entkernen und quer in sehr feine Streifen schneiden. Korianderblättchen von den Stielen zupfen und hacken. Die fertigen Spareribs mit Sesam, Chili-Ringen und Koriander bestreut servieren.

Backkartoffeln Die Kartoffeln in kochendem Salzwasser 15 Min. vorgaren. Knoblauch pellen, fein hacken und mit Fleur de Sel zu einer Paste verrühren. Öl untermischen. Kartoffeln kreuzweise einschneiden, auf je ein Stück Alufolie setzen und mit dem Knoblauchöl bepinseln. Mit Rosmarinnadeln und Thymianblättchen bestreuen. Die Alufolie locker verschließen und die Kartoffeln im Ofen bei 180 °C 30 Min. backen.

Die Spareribs zwischen den Rippen aufschneiden und auf einer Platte anrichten. Von den Kartoffeln die Alufolie öffnen, je einen Klacks aufgeschlagene Crème fraîche obenauf geben und mit Dillfähnchen und Oreganoblättchen bestreuen.

Wildschwein-Spareribs
1,5 kg Spareribs vom Wildschwein, beim Wildhändler vorbestellen
Salz
Pfeffer
6 EL Rapsöl
350 ml Wildfond, siehe Grundrezept S. 136
6 EL flüssiger Honig
1 große rote Chilischote
1 kl. Bund Koriander
2 EL Sesamkörner, trocken in einer Pfanne geröstet

Backkartoffeln
4 große mehlig kochende Kartoffeln à ca. 200 g
3 Zehen Knoblauch
2 TL Fleur de Sel
6 EL Olivenöl
1 Zweig Rosmarin
2 Zweige Thymian
200 g Crème fraîche
2 Zweige Dill
1 Zweig Oregano
4 Stücke Alufolie

HASENKEULE,
BULGURSALAT

Hasenkeule Die Hasenkeulen innen mit Salz und Pfeffer würzen, fest einrollen und evtl. mit Küchengarn binden. Das Öl (ohne die Zitroneneinlagen) in einem Topf auf 120 °C erhitzen. Die Hasenkeulen einlegen und 5 Min. lang auf etwas Temperatur kommen lassen (leicht anbräunen). Dann den Topf verschlossen in den Ofen stellen und bei 90 °C 4–5 Std. garen. Hasenkeulen herausnehmen und sehr gut abtropfen lassen. Wildsoße erhitzen.

Bulgursalat Die Geflügelfond aufkochen, den Bulgur hinein geben, umrühren und den Herd ausschalten. 15 Min. ziehen lassen. Die Tomaten vierteln, die Kerne heraus schaben und in kleine Würfel schneiden. Kräuterblättchen von den Stielen zupfen und fein hacken. Alles zusammen mit Schalotten und Olivenöl unter den Bulgur mischen. Mit Salz und Pfeffer abschmecken.

Ein paar Esslöffel Bulgursalat in die Mitte eines Tellers geben. Darauf eine Hasenkeule setzen und mit Wildsoße bepinseln. Mit Sprossen und Blüten dekorieren.

Hasenkeule
4 Hasenkeulen, ausgelöst
Salz
Pfeffer
1,5 l Zitronenöl (z. B. Rapsöl,
in dem 3 Tage lang 3 Zitronen,
4 Stangen Zitronengras und
7 Limettenblätter gezogen haben)
200 ml Wildsoße,
siehe Grundrezept S. 136
Küchengarn

Bulgursalat
450 ml Geflügelfond
200 g Bulgur
3 Tomaten
2 Zweige Minze
3 Zweige Petersilie
3 Zweige Koriander
2 Schalotten, fein gewürfelt
4 EL Olivenöl
Salz
Pfeffer

Rote Bete-Sprossen
Blüten vom Wiesenschaumkraut

HASENPFEFFER,
HASELNUSSPÄTZLE

Hasenpfeffer Das Hasenfleisch in mundgerechte Würfel schneiden. Mit Weinbrand, Thymian, Knoblauch und 7 EL Olivenöl vermischen. In einen Gefrierbeutel füllen, fest verschließen und über Nacht im Kühlschrank marinieren.

Am nächsten Tag das Fleisch aus der Marinade nehmen, abtupfen und im restlichen Olivenöl von allen Seiten braun anbraten. Die Schalotten zufügen und ebenfalls kräftig anrösten. Lorbeer, Sternanis und Langpfeffer unterrühren, dann nach und nach mit Rotwein und Wildfond ablöschen, immer wieder leicht einkochen lassen. Ca. 90 Min. bei schwacher Hitze köcheln lassen, immer wieder umrühren. Das Fleisch mit einer Schaumkelle aus dem Schmorfond heben, die Gewürze entfernen. Leber klein schneiden und mit einem Pürierstab in den Fond mixen und evtl. mit in wenig Wasser angerührter Speisestärke abbinden, mit Salz und Pfeffer abschmecken. Das Fleisch zusammen mit dem Schweineblut wieder in den Topf geben und unter Rühren langsam erwärmen. Nicht mehr kochen, da das Blut sonst gerinnt.

Haselnussspätzle Aus Mehl, gemahlenen Nüsse, Eiern, Öl und etwas Salz einen zähflüssigen Spätzleteig zubereiten. Evtl. etwas Wasser zufügen. Mit einem Holzlöffel so lange durchschlagen, bis er Blasen wirft. Reichlich Salzwasser aufkochen und den Teig durch eine Spätzlepresse in den Topf geben oder per Hand vom Brett schaben. Garen, bis die Spätzle oben schwimmen. Mit einer Schaumkelle herausheben und gut abtropfen lassen.

Die Haselnüsse in einer trockenen Pfanne anrösten, bis sie duften. Herausnehmen und grob hacken. Butter in der Pfanne zerlassen und die fertigen Spätzle darin durchschwenken. Nüsse wieder zufügen.

Den Hasenpfeffer in tiefen Tellern anrichten, einen Klacks Crème frâiche daraufgeben und mit Petersilie bestreuen. Spätzle separat dazu reichen.

Hasenpfeffer
4 Hasenkeulen, entbeint
4 EL Weinbrand
2 Zweige Thymian
2 Zehen Knoblauch, angedrückt
10 El Olivenöl
4 Schalotten, gewürfelt
1 Lorbeerblatt
3 Sternanis
3 Stück Langer Pfeffer
300 ml Rotwein
300 ml Wildfond,
siehe Grundrezept S. 136
1 TL Speisestärke
100 g Hasenleber
Salz
Pfeffer
50 ml frisches Schweineblut,
beim Metzger vorbestellen
Gefrierbeutel

Haselnussspätzle
400 g Mehl
100 g Haselnüsse,
sehr fein gemahlen
4 Eier
Salz
2 EL Haselnussöl

60 g Haselnüsse
60 g Butter

1 kl. Bund Petersilie, fein gehackt
100 g Crème frâiche

Kaninchencurry, Couscous, Naan Brot, Joghurtdip

Kaninchencurry Das Kaninchenfleisch im heißen Öl rundherum braun anbraten. Schalottenwürfel und Currypaste zufügen und anschwitzen. Limettenblätter, Zitronengras und Sternanis unterrühren. Nach und nach mit Kokosmilch und Fond auffüllen. Etwa 90 Min. bei kleiner Hitze köcheln lassen, zum Schluss die Gewürze entfernen und mit Salz abschmecken.

Einen kleinen beschichteten Topf mittelheiß werden lassen, mit 1 TL Öl auspinseln. Das Quinoa einstreuen und poppen lassen. Sofort den Deckel auflegen, sonst springen die Körnchen quer durch die Küche.

Currypaste Ingwer schälen und fein reiben. Von der Zitronengrasstange die äußeren harten Blätter entfernen und klein schneiden. Chilischoten halbieren, entkernen und klein schneiden. Im Mixer mit Currypulver und Öl zu einer glatten Paste verarbeiten.

Couscous Couscous mit Austern- und Sojasoße vermischen, das Limettenblatt dazugeben und mit 300 ml kochendem Wasser übergießen. Abgedeckt 5 Min. ziehen lassen, mit einer Gabel auflockern und mit Korianderblättchen bestreuen.

Naan Brot Aus den Zutaten (außer Currypulver) mit dem Knethaken der Küchenmaschine in 20 Min. einen relativ festen Teig kneten. Den Teig in Frischhaltefolie wickeln und 2 Std. ruhen lassen. Den Teig in 10 Stücke teilen, in Kugeln formen und diese 3 mm dünn ausrollen. Fladen auf Backpapier legen, mit etwas Wasser bepinseln und mit Currypulver bestreuen. 2 Backbleche im Ofen auf 250 °C erhitzen, dann die Fladen mit dem Papier vorsichtig auf die Bleche ziehen und im heißen Ofen 6 – 7 Min. backen.

Joghurtdip Den Joghurt glatt rühren und die Minzzweige über Nacht darin ziehen lassen. Minze entfernen und servieren.

Das Kaninchencurry in Suppenschalen geben und mit etwas gepopptem Quinoa betreuen. Couscous, Naan Brot und Joghurt separat anrichten.

Kaninchencurry
600 g Kaninchenfleisch, in Würfeln
3 EL Öl
4 Schalotten, fein gewürfelt
2 EL gelbe Currypaste
(siehe Rezept; ersatzweise aus dem Asialaden)
2 Limettenblätter, angerissen
1 Stange Zitronengras,
längs und quer geteilt
2 Sternanis
1 Dose Kokosmilch
200 ml Geflügelfond
Salz

1 TL Öl
2 TL roter Quinoa

Currypaste
50 g Ingwer
3 Stangen Zitronengras
4 rote Chilischoten
50 g gelbes Currypulver
7 EL Öl

Couscous
150 g Couscous
je 1 EL Austern- und Sojasoße
1 Limettenblatt, angerissen
2 Zweige Koriandergrün,
die Blätter fein geschnitten

Naan Brot
500 g Mehl
100 g Joghurt
125 ml Wasser
je 1 TL Backpulver und Salz
2 TL Currypulver

Joghurtdip
300 g Vollmilchjoghurt
3 Zweige Minze

Kaninchengalantine, Rahmkohlrabi, Schupfnudeln

Kaninchengalantine Das Öl mit Kräuterzweigen und Knoblauch in einem Topf auf 120 °C erwärmen und die Vorderläufe einlegen. Nach 5 Min. zugedeckt in den auf 100 °C vorgeheizten Ofen stellen. Für 2,5 Std. confieren, dann herausnehmen, etwas abkühlen lassen. Das Fleisch von den Knochen lösen und sehr klein schneiden.

Schalottenwürfel in der Butter andünsten, bis die Flüssigkeit verdampft ist. Den Portwein bis auf 50 ml einkochen lassen. Die Kaninchenfilets kurz von allen Seiten anbraten. Die Leber und Nierchen ebenfalls von allen Seiten anbraten, dann sehr klein schneiden.

Gehacktes Kaninchenfleisch von den Vorderläufen, Leber, Nierchen, Schalotten, Portwein, Sahne, Eigelb und Gewürze in der Küchenmaschine zu einer Farce verarbeiten. Eine runde Terrinenform überlappend mit dem Speck auslegen. Die Hälfte der Farce hinein füllen, die Kaninchenfilets in die Mitte legen und mit restlicher Farce bedecken. Die Speckscheiben über der Form zusammenklappen.

Den Ofen auf 100 °C vorheizen und 2 Tassen kochendes Wasser in ein tiefes Backblech gießen. Die Terrinenform hinein stellen und ca. 1 Std. garen, bis eine Kerntemperatur von mind. 57 °C erreicht ist.

Rahmkohlrabi Die Kohlrabi schälen und in gleichmäßige Stifte schneiden. In reichlich Salzwasser 3 Min. blanchieren, eiskalt abschrecken und gut abtropfen lassen.

Butter in einem Topf schmelzen, mit dem Schneebesen das Mehl unterrühren. Unter Rühren den heißen Geflügelfond angießen und ca. 15 Min. köcheln lassen bis eine cremige Soße entstanden ist. Kohlrabi und Petersilie hinein geben und mit Muskatnuss, Salz und Pfeffer abschmecken.

BITTE UMBLÄTTERN →→

Kaninchengalantine
1 l Öl
1 Zweig Rosmarin
2 Zweige Thymian
2 Knoblauchzehen, angedrückt
2 Kaninchenvorderläufe
1 Schalotte, sehr fein gehackt
250 ml Portwein
2 Kaninchenrückenfilets
Leber und Nierchen von einem Kaninchen
250 g Kaninchenfleisch aus der Schulter, gehackt
1 Schalotte, sehr fein gehackt
200 ml Sahne
3 Eigelb
2 El Wildgewürz,
siehe Grundrezept S. 140
250 fetter Speck,
in dünnen Scheiben
Salz
Pfeffer

200 ml Wildsoße,
siehe Grundrezept S. 136
10 g Butter

Rahmkohlrabi
2 mittelgroße Kohlrabi
40 g Butter
40 g Mehl
300 ml Geflügelfond
1 kl. Bund Petersilie, fein gehackt
Muskatnuss
Salz
Pfeffer

Kaninchengalantine, Rahmkohlrabi, Schupfnudeln

Schupfnudeln Das grobe Salz auf ein Backblech geben, die Kartoffeln darauf verteilen und bei 160 °C im Ofen 50 Min. garen. (Den Ofen danach auf 100 °C angeschaltet lassen.) Die Kartoffeln möglichst heiß pellen und durch die Kartoffelpresse drücken. Zügig Kartoffeln, Eigelb, Mehl, Salz, Pfeffer und Muskatnuss unterkneten. Aus dem Teig fingerdicke Rollen formen, in 5 cm lange Stücke schneiden und die Enden spitz eindrehen. Die Schupfnudeln in leicht kochendem Salzwasser garen, bis sie an der Oberfläche schwimmen. Mit einer Schaumkelle herausheben und auf einem geölten Backblech im Ofen ausdampfen lassen. Dabei einen Löffel zwischen Ofen und Backofentür schieben, damit der Dampf entweichen kann.

Butter in einer großen Pfanne aufschäumen und die Schupfnudeln darin leicht braun anbraten.

Die Galantine vorsichtig aus der Form stürzen und in Scheiben schneiden. 3–4 EL Rahmkohlrabi auf die Mitte eines Tellers geben, je 2 Scheiben der Galantine darauf setzen. Mit erhitzter Wildsoße beträufeln. Schupfnudeln daneben anrichten, mit Kräuterblättchen und Blüten dekorieren.

➤ Übrige Galantinescheiben am nächsten Tag in Butter anbraten und zur Brotzeit reichen.

Schupfnudeln
500 g grobes Salz
500 g Kartoffeln,
mehlig kochend
1 Eigelb
160 g Kartoffelmehl
Salz
Pfeffer
Muskatnuss
Öl fürs Backblech
60 g Butter

einige Blättchen Schafgarbe
essbare Blüten
(wie z. B. Hornveilchen)

WILD UND WEIN

Was trinken wir zu Wild? Spätburgunder natürlich, was denn sonst? Oh, so einiges! Chardonnay zum Beispiel. Wie bitte? Ausgerechnet? Aber ja. Gemeint ist nun nicht so ein säureknackiger, strack geradeaus gezielter Chablis – der könnte es allenfalls mit einem in fetter Sahne ertränkten Taubenbraten aufnehmen, wie ihn das 19. Jahrhundert liebte. Nein, es sollte schon eine in bestem Holz gut abgeschmälzte weiße Burgunder-Sorte sein, also auch Pinot blanc oder Pinot gris. Denn das Wild, so steht es nun einmal geschrieben, schätzt korrespondierende Röstaromatik, auch Vanillenoten und den männlich-wuchtigen Zugriff der Tannine.

Womit wir wieder beim Spätburgunder wären. Sörens Vorliebe für gereifte deutsche Weine dieser Rebe ist bekannt, nicht zuletzt seinen Gästen, die vertrauensvoll seinen Empfehlungen lauschen. Die Weinkarte im „Anders auf dem Turmberg" birst vor anspruchsvollen Pinot Noirs, welche in Deutschland gewachsen und ausgebaut sind. Im Unterschied zu Burgundern aus dem Burgund sind die deutschen geschmacklich oftmals etwas leichter zugänglich, nicht so furchtbar kapriziös und launisch, sondern schmiegen sich etwa dem Rehwild fruchtüppig an.

Herausragende Qualitäten liefern Südpfalz und Mittelhardt, die Ahr natürlich, bekanntermaßen der Rheingau um Assmannshausen, Franken (Oh, göttlicher Paul Fürst vom „Weingut Rudolf Fürst"!) und Baden, aber auch Rheinhessen schiebt sich immer weiter vor in die Spitzengruppe.

Würden wir die Diskussion ein paar Kilometer weiter westlich führen, sähe die Sache zunächst ähnlich aus: Die einzige rote Sorte im Elsass ist DER Pinot Noir, oftmals eher zart ausgebaut und kühl getrunken – eine verdammt einleuchtende Geschichte zum Vogesenwild. Ansonsten greift der gemeine Franzose ungeniert zum Bordeaux, meist in der klassischen Cuvée aus Cabernet Sauvignon, Merlot und Cabernet Franc. Da wird's schnell einmal animalisch, was einem gut abgehangenen Hirschen durchaus zupass kommt.

Verschiedentlich gibt es immer wieder Versuche, die altehrwürdige Kombination von Wild und Bier neu zu definieren. Hierbei liegen „Craft Beer" oder die dunklen, im Holzfass gereiften vorn, allen voran (sic!) die Bock-Biere, ob nun Eis-, Weihnachts- oder Doppel-. Eine bekannte Marke nennt sich sogar St. Hubertus.

WILDENTENBRUST, POLENTA, ROTE BETE

Wildentenbrust Die Haut der Entenbrüste kreuzweise einritzen. Auf der Hautseite in eine kalte Pfanne legen und den Herd auf Mittelhitze schalten. So lange in der Pfanne lassen, bis die Haut im eigenen Fett schön kross gebraten ist. Dann wenden und die Pfanne in den auf 120 °C vorgeheizten Ofen stellen. Garen, bis eine Kerntemperatur von 59 °C erreicht ist (ca. 30 Min.).

Alle Gewürze ohne Fett in einer Pfanne rösten, bis sie duften. Grob mahlen und mit dem Honig mischen. Entenbrust aus dem Ofen nehmen, leicht salzen und mit der Honigmischung bestreichen. Kurz vor dem Anrichten für 2 Min. unter dem heißen Grill gratinieren.

Marinierte Rote Bete Die Rote Bete einzeln in Alufolie wickeln und ca. 60 Min. im 160 °C heißen Ofen garen. Auswickeln, schälen und in Form bringen. Dazu beispielsweise in dicke Scheiben schneiden und mit Ausstechformen zu Rechtecken, Kreisen oder Halbmonden formen. Wer keine Reste übrig haben will, achtelt die Knollen einfach.

Den Zucker in einer Pfanne hellbraun karamellisieren, das Panch Phoron unterrühren und mit dem Portwein ablöschen. Essig und etwas Salz zufügen, 20 Min. köcheln lassen. Die Rote Bete mit dem Sud übergießen und 24 Std. marinieren lassen.

Rote Bete-Püree Die Rote Bete schälen und würfeln. Portwein, Rotwein, Orangensaft und Essig verrühren. Orangenschale zufügen. Die Gewürze (in einen Teebeutel oder ein Mullsäckchen gefüllt) dazugeben. Mit etwas Salz abschmecken. Die Rote Bete in dem Sud 24 Std. ziehen lassen. Am nächsten Tag alles zusammen aufkochen und ca. 25 Min. garen, bis die Roten Bete weich sind. Abgießen, dabei den Kochsud auffangen. Das Gemüse sehr fein mit Butter pürieren, mit Salz und Pfeffer abschmecken. Wenn das Püree noch zu fest ist, evtl. etwas von dem Sud untermischen.

Wildentenbrust
4 Wildentenbrüste
½ TL Sezuanpfeffer
½ TL Kümmelsaat
½ TL Fenchelsaat
2 Sternanis
6 Wacholderbeeren
2 Stück Langer Pfeffer
5 EL Honig
Salz

Marinierte Rote Bete
(am Vortag zubereiten)
4 Rote Bete
60 g Zucker
2 TL Panch Phoron
(bengalische Gewürzmischung)
350 ml roter Portwein
40 ml Himbeeressig
Salz

Rote Bete-Püree
(am Vortag zubereiten)
4 Rote Bete
300 ml Portwein
300 ml Rotwein
Saft und Schale 1 Bio-Orange
40 ml Himbeeressig
2 Sternanis
1 Vanilleschote, längs aufgeschlitzt
2 Nelken
4 Pimentkörner
20 g Butter
Salz
Pfeffer

BITTE UMBLÄTTERN →→

WILDENTENBRUST, POLENTA, ROTE BETE

Polenta Milch mit dem Lorbeerblatt und einer Prise Salz aufkochen, Polenta unter Rühren einrieseln lassen. 5 Min. bei kleiner Hitze köcheln lassen und weiter rühren, dann neben dem Herd 10 Min. quellen lassen. Lorbeerblatt entfernen. Zum Schluss Butter und Parmesan unterrühren und mit Muskatnuss abschmecken.

100 ml Kochsud mit dem Geflügelfond auf 50 ml einreduzieren, restliche Butter unterrühren.

Auf einen flachen Teller 3 – 4 EL Polenta geben, je eine Entenbrust darauf setzen. Drumherum Rote Bete-Stücke und Nocken vom Püree platzieren und mit etwas einreduziertem Fond beträufeln. Mit Blüten dekorieren.

Polenta
600 ml Milch
1 Lorbeerblatt
Salz
120 g Polenta (Maisgrieß)
40 g Butter
40 g Parmesan, fein gerieben
Muskatnuss

100 ml Geflügelfond
20 g Butter

Bärlauchblüten

WILDENTENKEULE, BERGLINSEN, JOGHURT

Wildentenkeule Kräuter und Knoblauch am besten schon 2 Tage vor der Zubereitung in das Öl geben und durchziehen lassen. Dann alles zusammen in einem Topf auf 120 °C erwärmen. Die Entenkeulen einlegen. Ofen auf 120 °C vorheizen und den Topf abgedeckt hineinstellen. Die Keulen im Öl für 3 Std. confieren lassen. Herausnehmen, gut abtropfen lassen und leicht mit Pfeffer und Salz würzen. (Wer eine krosse Haut möchte, legt die Keulen noch einmal für 1–2 Min. unter den heißen Backofengrill.)

Berglinsen Die Linsen über Nacht in reichlich kaltem Wasser einweichen. Butter in einem Topf schmelzen, Chili, Zitronengras und Limettenblätter kurz darin anschwitzen, dann die Linsen unterrühren. Mit Sojasoße und Geflügelfond aufgießen und garen, bis die Linsen weich sind, aber noch etwas Biss haben (ca. 40 Min). Zum Schluss mit Zucker, Curry und Fischsoße pikant abschmecken.

Joghurt Joghurt am Vortag glatt rühren und die Minze über Nacht darin ziehen lassen.

3–4 EL Berglinsen auf einen flachen Teller geben und eine Entenkeule darauf setzen. Mit Joghurt umträufeln und mit Blüten garnieren.

Wildentenkeule
2 Zweige Rosmarin
4 Zweige Thymian
3 Zehen Knoblauch, angedrückt
1,5 l Rapsöl
4 Wildentenkeulen
Pfeffer
Salz

Berglinsen
300 g Berglinsen
2 EL Butter
1 rote Chilischote,
entkernt und fein gewürfelt
1 Stange Zitronengras,
längs halbiert
2 Limettenblätter, eingerissen
2 EL Sojasoße
600 ml Geflügelfond
2 TL brauner Zucker
2 TL Currypulver
1–2 EL Fischsoße
(aus dem Asialaden)

Joghurt
150 g Joghurt
2 Stiele frische Minze

4 Rapsblüten

WILDSOßE & WILDFOND

Wildsoße Knochen und Abschnitte auf einem tiefen Backblech verteilen und ca. 1 Std. bei 180 °C im Ofen rösten. Das Gemüse schälen, putzen und in 1,5 cm große Würfel schneiden. Das Öl in einem großen Topf erhitzen und das Gemüse darin goldbraun anbraten. Tomatenmark dazugeben und unter Rühren noch 5 Min. weiter rösten. Mehrfach mit Rotwein ablöschen und wieder etwas einkochen lassen. Dann die Knochen und den Kalbsfond dazugeben. Aufkochen lassen und immer wieder den Schaum von der Oberfläche abschöpfen. Nach 20 Min. die Gewürze zufügen. Das Ganze mind. 2 Std. köcheln lassen. Durch ein Sieb, das mit einem Mulltuch ausgelegt ist, in einen anderen Topf umfüllen und weiter einreduzieren, bis ca. 800 ml übrig bleiben.

Wildfond Die Wildknochen auf einem Backblech verteilen und bei 180 °C im Ofen ca. 50 Min. goldbraun rösten. Gemüse waschen, putzen und klein schneiden. Kräuter grob zerkleinern. Alle Zutaten in einen Topf mit dem kalten, gesalzenen Wasser geben, langsam aufkochen und ca. 2 Std. köcheln lassen. Zwischendurch den entstehenden Schaum immer wieder abschöpfen. Durch ein mit einem Mulltuch ausgelegtes Sieb passieren und noch einmal mit Salz und Pfeffer abschmecken.

Wildsoße
Ergibt ca. 800 ml
2,5 kg Wildknochen und Fleischabschnitte, klein gehackt, beim Wildhändler vorbestellen
400 g Zwiebeln
125 g Karotten
125 g Staudensellerie
200 g Lauch
5 EL Rapsöl
60 g Tomatenmark
1 Flasche Rotwein
1,5 l Kalbsfond (Glas)
5 schwarze Pfefferkörner
2 Zweige Thymian
4 Wacholderbeeren
2 Lorbeerblätter

Wildfond
Ergibt ca. 1 Liter
600 g Wildknochen
150 g Lauch
1 kl. Zwiebel
1 Tomate
2 Stangen Sellerie
½ Bund Petersilie
1 Zweig Rosmarin
1 Lorbeerblatt
10 Pfefferkörner
5 Wacholderbeeren
50 ml Rotwein
20 ml Madeira
1 TL Salz
1500 ml kaltes Wasser
Salz
Pfeffer

GEWÜRZSALZ

Alle Gewürze fein mahlen (mit einem Mörser oder Multi-Zerkleinerer) und mit dem Salz mischen.

➤ Damit sich die Aromen gut vermengen, sollte man die Salzmischung bei 130 °C für 10 Min. in den Ofen geben oder wahlweise 2 Min. bei 600 Watt in die Mikrowelle.

➤ Selbst hergestellte Gewürzmischungen halten sich dunkel und gut verschlossen über mehrere Monate.

200 g Fleur de Sel oder Steinsalz
5 g Wacholderbeeren
10 g schwarzer Pfeffer
4 Zimtblüten
5 g Langer Pfeffer
4 g Koriandersaat
3 g Muskatblüte (Macis)
3 g Piment
4 g Fenchelsaat

WILDGEWÜRZ

Alle Gewürze fein mahlen (mit einem Mörser oder Multi-Zerkleinerer) und gut mischen. In eine Metalldose mit Schraubverschluss gefüllt, hält sich die Mischung gut 3 Monate frisch.

➤ Vor Gebrauch die benötigte Menge jeweils kurz in einer trockenen Pfanne anrösten, bis die Gewürze duften.

8 Nelken
3 Lorbeerblätter
8 Kardamomkapseln
1 Stange Zimt
2 TL Fenchelsaat
1 EL Kümmel
3 Muskatblüten (Macis)
6 Stück Langer Pfeffer
2 TL Kubebenpfeffer
1 EL Senfsaat
4 Sternanis
1 EL Zimtblüten
2 TL Wacholderbeeren
2 TL Pimentkörner
1 EL schwarzer Pfeffer

DESSERTS

Apfel-Streusel-Kuchen, Vanilleeis

Apfel-Streusel-Kuchen Aus Mehl, Butter, Zucker, Vanillezucker und Ei einen Teig kneten. Gleichmäßig auf einem gefetteten Backblech verteilen. Äpfel schälen, vierteln und das Kerngehäuse herausschneiden. Die Äpfel auf dem Teig verteilen.

Eier mit Milch und Zucker verquirlen und über den Kuchen gießen. Bei 170°C im Ofen 5 Min. vorbacken. In dieser Zeit aus Butter, Mehl, Zucker und Haselnüssen mit den Händen grobe Streusel kneten. Die Streusel auf dem Teig verteilen und den Kuchen in 30 Min. fertig backen.

Vanilleeis Alle Zutaten so lange über einem heißen Wasserbad aufschlagen, bis die Masse eine cremige Konsistenz bekommt. (Zur Rose ziehen.) Vanilleschote entfernen und in die Eismaschine geben. Nach ca. 20 Min. ist das Eis servierfertig.

Apfel-Streusel-Kuchen
300 g Mehl
200 g Butter
100 g Zucker
1 Päckchen Vanillezucker
1 Ei
6 Äpfel (Boskop)

4 Eier
150 ml Milch
100 g Zucker
200 g Butter
275 g Mehl
125 g Zucker
120 g Haselnüsse, gemahlen

Vanilleeis
100 ml Sahne
100 ml Milch
200 g Zucker
1 Vanillestange, längs aufgeschlitzt und das Mark heraus
gekratzt

BIRNEN-SCHOKO-KUCHEN

Die Birnen schälen, achteln und das Kerngehäuse herausschneiden. Sofort mit Zitronensaft und Honig vermischen.

Eier mit Butter, Zucker und Vanillezucker schaumig schlagen. Schokolade über einem Wasserbad schmelzen und unterrühren. Mehl mit Kakao- und Backpulver mischen und unterheben. Zum Schluss Sahne, Eierlikör und Konfitüre nacheinander unter den Teig ziehen. Teig in eine gefettete Springform füllen und sternförmig mit den Birnenspalten belegen.

Kuchen im Ofen bei 180°C ca. 50 Min. backen. (Mit einem Holzstäbchen eine Garprobe machen – wenn kein Teig mehr daran kleben bleibt, ist er auch in der Mitte durchgebacken.)

Läuterzucker mit dem Maracujasaft 15 Min. köcheln lassen und den ausgekühlten Kuchen damit bepinseln.

➤ Dazu passt Schlagsahne, die mit Wildhonig gesüßt und mit etwas Vanille und Eierlikör aromatisiert ist.

----

4 reife, aber feste Birnen
(z. B. Williams Christ)
4 EL Zitronensaft
3 flüssiger Honig
3 Eier
160 g Butter
110 g Zucker
1 Päckchen Vanillezucker
100 Zartbitter Schokolade
240 g Mehl
1 EL dunkles Kakaopulver
½ Päckchen Backpulver
80 ml Sahne
70 ml Eierlikör
3 EL Aprikosenkonfitüre
100 ml Läuterzucker
(dafür 50 g Zucker mit
60 ml Wasser 10 Min. lang
köcheln lassen)
100 ml Maracujasaft

RHABARBER, SAUERAMPFEREIS, SCHOKOGEL, BLÜTENPOLLENCREME

Eingelegter Rhabarber Vom Rhabarber die Haut abziehen, Enden abschneiden und die Stangen in 10 cm lange, gleichmäßige Streifen schneiden. Alle anderen Zutaten zusammen aufkochen und 5 Min. köcheln lassen. Rhabarber-Streifen einlegen und bei kleinster Hitze 4–5 Min. garen. Auskühlen.

Rhabarberragout Vom Rhabarber die Haut abziehen, Enden abschneiden und die Stangen in sehr feine Würfel schneiden. Zucker in einer Pfanne hellbraun karamellisieren, Rhabarber unterrühren und mit dem Saft ablöschen. 7–8 Min. köcheln lassen, bis der Rhabarber zerfallen ist, mit Limettensaft abschmecken, fein pürieren und mit der in Rote Bete-Saft angerührten Speisestärke abbinden. In eine flache Form füllen und über Nacht kalt stellen. Kurz vor dem Anrichten in 2 cm breite Streifen schneiden.

Sauerampfereis Den Sauerampfer gut waschen, Blätter vom Strunk entfernen, in der Milch fein pürieren, dann gründlich mit den übrigen Zutaten verrühren und in der Eismaschine gefrieren lassen. Nach ca. 20 Min. ist das Eis servierfertig.

Schokogel Die Gelatine in kaltem Wasser einweichen. Zucker mit Pektin mischen und in die Milch geben. Die Mischung aufkochen. Schokolade über einem heißen Wasserbad schmelzen, vom Herd ziehen und mit der Milchmischung verrühren. Gelatine ausdrücken und in einem kleinen Topf bei schwacher Hitze flüssig werden lassen. Zügig unter die Schoko-Milch-Mischung rühren. Eine flache Form mit Klarsichtfolie auslegen und die Mischung glatt hineinstreichen. Im Kühlschrank über Nacht fest werden lassen. Kurz vor dem Anrichten in 2 cm breite Streifen schneiden.

Blütenpollencreme 100 g Pollen sehr fein mahlen und sehr gut mit Quark und Crème frâiche verrühren.

2 Streifen Schokogel auf einem Dessertteller platzieren und je 1 Streifen Rhabarber darauf legen. Pollencreme in einen Spritzbeutel mit großer Tülle füllen und einen Streifen der Creme daneben spritzen. Die Creme mit einem Streifen Rhabarberragout belegen. Eine Kugel Sauerampfereis dazugeben und den Teller mit Kräuterblättchen, Blüten und restlichen Pollen dekorieren.

Eingelegter Rhabarber
4 Stangen Rhabarber
1 walnussgroßes Stück Ingwer, geschält, in Scheiben geschnitten
1 Stange Zitronengras, längs und quer geteilt
2 Limettenblätter, eingerissen
60 Zucker
300 ml Rhabarbersaft

Rhabarberragout
4 Stangen Rhabarber
80 g Zucker
100 ml Rhabarbersaft
2 TL Limettensaft
2 TL Speisestärke
2 EL Rote Bete-Saft

Sauerampfereis
1 Bund Sauerampfer
150 ml Milch
100 ml Sahne
75 g Traubenzucker
20 g Milchpulver
200 g Zucker

Schokogel
2 Blatt Gelatine
200 g Zucker
10 g Pektin
500 ml Milch
150 g weiße Schokolade

Blütenpollencreme
100 g Blütenpollen +
1 EL für die Deko
100 g Quark, 20 % Fett
100 g Crème frâiche

einige Blättchen Schafgarbe
rotes Basilikum
essbare weiße Blüten

Grießflammerie, Beerenragout

Grießflammerie Milch mit Zucker und der Vanillestange aufkochen, den Grieß einrieseln lassen. Den Herd ausschalten und die Masse 5 Min. quellen lassen. Dann den Topf in eine Schüssel mit eiskaltem Wasser stellen, das Eigelb zufügen und die Masse kalt rühren. Sahne und Eiweiß mit einer Prise Salz getrennt aufschlagen. Die Vanillestange entfernen, Sahne und Eiweiß vorsichtig mit einem Spatel unterheben.

Beerenragout Zucker und Saft zusammen aufkochen, mit der in wenig Wasser angerührten Speisestärke abbinden. Den Topf vom Herd ziehen, die Beeren unterrühren und auskühlen lassen.

Grießflammerie mit Beerenragout in Dessertschälchen anrichten, mit Kräuterblättchen und Blüten dekorieren.

Grießflammerie
250 ml Milch
60 g Zucker
1 Vanillestange, längs aufgeschlitzt, das Mark heraus gekratzt
200 g Grieß
1 Ei, getrennt
250 ml Sahne
1 Prise Salz

Beerenragout
80 g Zucker
250 ml roter Johannisbeersaft
1 TL Speisestärke
300 g gemischte Waldbeeren, frisch oder tiefgekühlt

ein paar Blättchen Zitronenmelisse
essbare weiße Blüten
(wie z. B. Vogelmiere)

REHRÜCKEN-KUCHEN

Mehl mit Speisestärke, Mandeln und Backpulver mischen. Das Eiweiß mit dem Zucker steif schlagen. Die Eigelbe mit Puderzucker schaumig rühren. Dann Kuvertüre über einem warmen Wasserbad schmelzen und die Butter unterrühren. Alles miteinander in einer großen Schüssel verrühren, den Eischnee zum Schluss unterheben.

Den Teig in eine gefettete Kastenform füllen und bei 180 °C für 50–60 Min. backen. Aus der Form stürzen und auf einem Kuchengitter auskühlen lassen.

Die Kuchenglasur über einem Wasserbad schmelzen und den Rehrücken rundherum damit bepinseln. Mit Mandelblättchen bestreuen.

60 g Mehl
60 g Speisestärke
100 g gemahlene Mandeln
1 TL Backpulver
6 Eier, getrennt
50 g Zucker
100 g Puderzucker
100 g dunkle Kuvertüre
100 g Butter
150 g dunkle Kuchenglasur
60 g Mandelblättchen

TOPFENKNÖDEL, NUSSBUTTERCREME, BEERENSORBET, PREISELBEERRAGOUT

Topfenknödelstreifen Alle Zutaten sehr gut miteinander verrühren und die Masse in einen Spritzbeutel mit großer Lochtülle füllen. Ein Backblech mit Backpapier belegen und ca. 12 cm lange Streifen darauf spritzen. Den Ofen auf 100 °C vorheizen und eine Tasse mit kochendem Wasser auf den Boden stellen. Das Blech hineinschieben und ca. 25 Min. backen.

Nussbuttercreme Für die Nussbutter die Butter in einem Topf zerlassen und köcheln, bis sie leicht gebräunt ist. Durch ein feines Tuch gießen und etwas abkühlen lassen. Eiweiß aufschlagen, den Zucker einrieseln lassen, dann langsam und vorsichtig die Butter unterrühren.

Beerensorbet Alle Beeren zusammen sehr fein pürieren und durch ein feines Sieb streichen. Das Beerenmark mit dem Läuterzucker mischen und in der Eismaschine zu Sorbet verarbeiten.

Preiselbeerragout Beeren mit Saft und Honig aufkochen, mit der in wenig Wasser angerührten Speisestärke abbinden.

Hippe Eiweiß mit dem Zucker schaumig schlagen und auf ein mit Backpapier belegtes Backblech 0,5 cm dick aufstreichen. Bei 80 °C etwa 1 Std. backen, bis die Masse getrocknet ist. In Stücke brechen.

Je eine Nocke Sorbet und Nussbuttercreme gegenüberliegend auf einem Dessertteller platzieren. Einen Topfenknödelstreifen quer darüber legen. Preiselbeerragout in Klecksen drum herum verteilen, mit etwas Puderzucker bestäuben und mit Kräuterblättchen dekorieren.

Topfenknödelstreifen
350 g Magerquark, sehr gut abgetropft
125 g Toastbrot, ohne Rinde, sehr fein gewürfelt
50 g Puderzucker
2 Eier
2 Eigelb
Mark einer Vanillestange
40 g Butter, flüssig

Nussbuttercreme
250 g Butter
3 Eiweiß
150 g Zucker

Beerensorbet
100 g Himbeeren
100 g rote Johannisbeeren
100 g Heidelbeeren
300 ml Läuterzucker
(dafür 150 g Zucker mit 160 ml Wasser 10 Min. kochen)

Preiselbeerragout
150 g Preiselbeeren, ersatzweise Cranberries
150 ml roter Johannisbeersaft
2 EL Honig
1 TL Speisestärke

Hippe
100 g Eiweiß
100 g Zucker

einige Blättchen Vogelmiere, ersatzweise Zitronenmelisse
1 EL Puderzucker

AUFGESETZTER

Variante 1 Früchte in eine saubere Magnumflasche geben und mit Wodka auffüllen. Flasche verschließen und den Ansatz für 6 Wochen an einem hellen (nicht sonnigen) zimmerwarmen Platz reifen lassen. Einmal pro Woche durchschütteln, probieren und nach Geschmack immer wieder Kandis dazugeben. Den Ansatz filtern und in kleinere Flaschen abfüllen. Diese gut verschlossen an einem kühlen und dunklen Platz, z. B. im Keller, 4 Wochen nachreifen lassen.

➢ Bei anderen Früchten wie schwarzen Johannisbeeren oder dunklen Pflaumen eine aufgeschlitzte Vanilleschote, eine Zimtstange oder 3 Sternanis mit in den Ansatz geben.

Variante 2 Früchte in eine saubere Magnumflasche geben und mit Calvados auffüllen. Flasche verschließen und den Ansatz für 6 Wochen an einem hellen (nicht sonnigen) zimmerwarmen Platz reifen lassen. Einmal pro Woche durchschütteln, probieren und nach Geschmack immer wieder Kandis dazugeben. Den Ansatz filtern und in kleinere Flaschen abfüllen. Diese gut verschlossen an einem kühlen dunklen Platz, z. B. im Keller, 4 Wochen nachreifen lassen.

➢ Die sehr harten Schlehen vor dem Ansatz für ein paar Tage in den Tiefkühler legen und gefroren mit dem Calvados aufgießen. Beim Auftauen brechen die Zellwände auf. So gelangen Saft und Aroma leichter in den Aufgesetzten. Nach dem Abfiltern schmecken die Früchte sehr gut z. B. zu Vanilleeis.

Variante 1
600 g Himbeeren oder
rote Johannisbeeren,
geputzt bzw. abgestreift
150 – 200 g weißer Kandis
1 l Wodka oder Korn,
(mind. 40 % Alkohol)

Variante 2
mit Wildfrüchten
600 g Schlehen oder
Kornelkirschen
200 g brauner Kandis
1 l Calvados,
(mind. 40 % Alkohol)

LIMONADE

1. aus Rhabarber mit Vanille und Waldmeister Rhabarber putzen und sehr klein schneiden. Nicht schälen, weil die Farbstoffe in der Schale stecken. Mit Zucker, Wasser, Limette und Vanille aufkochen und 10 Min. köcheln lassen. Durch ein mit einem Mulltuch ausgelegtes Sieb in eine Schüssel gießen, Limette dabei ausdrücken und gut abtropfen lassen.

Waldmeister eine halbe Std. lang auf einem Küchentuch anwelken lassen, dann für 20 Min. im erkalteten Rhabarbersirup ziehen lassen. Waldmeister entfernen und den Sirup durch einen Trichter in eine saubere Flasche füllen. Haltbar ca. 3 Tage.

2. aus Zitrone, Blutorange, Zitronenmelisse Zitronen, Limetten und Blutorangen heiß abwaschen und die Schale sehr dünn (ohne die weiße Haut) abschneiden. Alle Früchte auspressen. Den Saft in einer Schüssel mit Schalen, Melisse, Honig und 300 ml Wasser mischen und über Nacht im Kühlschrank durchziehen lassen.

Am nächsten Tag Zucker mit 250 ml Wasser in einem Topf 5 Min. sprudelnd kochen lassen. Abkühlen lassen. Fruchtsaft durch ein sehr feines Sieb (mit einem Mulltuch ausgelegt) zum Sirup gießen, gut mischen und alles durch einen Trichter in eine saubere Flasche füllen.

Zum Servieren mit eiskaltem Mineralwasser aufgießen und mit Minze dekorieren.

---

ergibt jeweils ca. 1 Liter

aus Rhabarber mit Vanille und Waldmeister
1 kg Himbeer-Rhabarber
250 g Zucker
400 ml Wasser
1 Bio-Limette, geviertelt
1 Vanilleschote, längs aufgeschlitzt
1 kl. Bund Waldmeister

aus Zitrone, Blutorange, Zitronenmelisse
4 Bio-Zitronen
2 Bio-Limetten
3 Bio-Blutorangen
3 – 4 Zweige Zitronenmelisse
2 EL Honig
150 g Zucker

kleine Minzezweige

Kleine Wildkunde

Der Fasan ist ein bunter Hühnervogel, der mit seinen 1,5 kg aber nur gewichtsmäßig eine entfernte Ähnlichkeit mit seinen Verwandten hat. Er bevorzugt halboffene Landschaften, lichte Wälder oder schilfbestandene Feuchtgebiete, die ihm gute Deckung und offene Flächen zur Nahrungssuche bieten. Das typische „Gack-Gaack" hört man gern mal beim Sonntagsspaziergang durch die Feldmark. Der Fasan ernährt sich bevorzugt von Samen und Beeren, aber auch von Insekten und anderen Kleintieren. Ein Hahn lebt zur Brutzeit meist mit ein bis zwei Hennen zusammen. Der Fasan schreitet gern durch die Gegend, fliegen ist nicht so sein Ding. Außer, wenn er fliehen muss, dann schafft er auf kurzen Strecken sogar bis zu 90 km/h. Trotzdem versucht er lieber, sich zu Fuß vom Acker zu machen. Schwimmen kann er übrigens auch. Passionierte Fasanenjäger fahren mittlerweile gern ins ost- oder nordeuropäische Ausland, um eine nennenswerte Ausbeute zu haben. In Deutschland werden die Bestände durch gezüchtete und ausgewilderte Tiere ergänzt.

Mit 135 Kalorien auf 100 g ist Fasanenfleisch ein fettarmes Vergnügen. Es ist dunkelrot und mild im Geschmack.

Der Feldhase durfte sich 2015 mit dem Titel „Tier des Jahres" schmücken. Der Grund: Die Population des Langohrs geht aufgrund der intensivierten Landwirtschaft immer mehr zurück. Ausgewachsene Hasen wiegen bis zu sechs Kilogramm, wenn sie ausreichend bunte Gräser und Kräuter finden. Die Hinterläufe sind extrem lang. Deshalb „hoppelt" der Hase, wenn er sich langsam fortbewegt. Dabei ist er ein echter Spitzensportler auf dem Acker. Feldhasen können drei Meter weit und zwei Meter hoch springen! Berühmt sind ihre abrupten Richtungswechsel – das Haken schlagen. Damit verwirrt er seine Verfolger. Auf der Flucht erreichen Feldhasen Spitzengeschwindigkeiten von bis zu 80 Kilometer pro Stunde. Der schnellste Mensch läuft nur 36 km/h. 10 % der rund 4 Millionen Hasen in Deutschland landen jährlich auf dem Teller. Bejagd werden sie ab Mitte Oktober. Die Schonzeit beginnt Mitte Januar; die letzte Jagd wird entsprechend als „Hasensilvester" bezeichnet.

Hasenfleisch ist tiefrot und hat einen kräftigen Eigengeschmack bei 120 Kalorien auf 100 g. Am besten schmecken junge Tiere im Alter bis zu acht Monaten. Das hellere Kaninchenfleisch schmeckt deutlich milder.

Die Gämse (Gamswild) bewohnt bei uns den gesamten Alpenraum. Kleine Populationen der ziegenartigen finden sich u. a. auch auf der fränkischen Alb und im Schwarzwald. Am liebsten hält sie sich im oberen Waldgürtel auf, scheut aber kein noch so unwegsames Gelände, wenn sie sich weiter unten gestört fühlt. Gämsen erreichen eine Schulterhöhe von 85 cm und werden bis zu 50 kg schwer. Weibliche Tiere können 20 Jahre alt werden, wenn nicht Lawinen, Steinschläge oder auch Raubtiere dazwischen kommen. Nach einer Tragzeit von sechs Monaten kommt Ende Mai meist ein Junges zur Welt, das nach drei Jahren ausgewachsen ist. Als Kitz gefangen und mit Ziegenmilch gefüttert, kann aus einer Gämse ein sehr zahmes Haustier werden.

Das Fleisch wird hoch geschätzt. Kein Wunder, das bevorzugte Futter sind junge Triebe von Alpensträuchern wie Alpenrose, Erle, Weide oder Wacholder. Dazu kommen Blätter und Kräuter, im Winter auch Moose und Flechten. In Bayern und Baden-Württemberg werden jährlich rund 4.500 Tiere erlegt. Das ist sehr wenig im Vergleich zu anderen Wildarten. Wer also Gämse im Handel oder auf dem Markt entdeckt, sollte sich ein Stück sichern. Darin stecken 212 Kalorien auf 100 g und satte 40 % Protein.

Der Hirsch ist unser größtes wildlebendes Säugetier. Ein ausgewachsenes männliches Tier bringt bis zu 300 kg auf die Waage. Ein Wunder, dass so ein Platzhirsch aufrecht gehen kann und keine Kopfschmerzen hat – das Geweih lastet mit bis zu 20 Kilo auf der Stirn. Rothirsche brauchen große, ausgedehnte Wälder mit Lichtungen, um sich wohl

zu fühlen. Wenn sie nicht gerade in der Brunft sind, besteht ihr Tagewerk überwiegend aus Äsen und Wiederkäuen. Rund 20 kg Grünfutter werden täglich gemampft. Uns Menschen haben sie nicht so gern. Deshalb sind die Bedingungen im dicht besiedelten Deutschland gar nicht so einfach für sie. Nur zwei Tiere auf 100 Hektar Wald finden ihren Platz. Vielfach werden sie auch als Schädlinge angesehen. Um den Verbiß an jungen Bäumen zu verhindern, werden sie mancherorts zugefüttert, was nicht ganz unumstritten ist. Ahorn oder Esche z. B. haben keine Chance, wenn Hirsche in der Nähe sind. Der Bestand wird in Deutschland auf ca. 180.000 Tiere geschätzt, wovon jedes Jahr knapp 70.000 zum Abschuss freigegeben werden.

Mit 113 Kalorien auf hundert Gramm ist das große Tier ein echtes Leichtgewicht. Sein Fleisch besitzt reichlich Protein, B-Vitamine, Selen, Eisen und Zink. Die dunkelrote Konsistenz ähnelt der von Rindfleisch, es hat aber einen sehr viel intensiveren Eigengeschmack. Es ist fast rund ums Jahr frisch erhältlich.

Das Mufflon oder Muffelwild gilt zwar als das weltweit kleinste Wildschaf, ist aber immer noch größer als ein Reh. Ein ausgewachsener Widder (männliches Mufflon) bringt bei 80 cm Schulterhöhe immerhin 55 kg auf die Waage. Ursprünglich stammen die Mufflons von den Inseln Korsika und Sardinien. Alle Bestände, die hier beheimatet sind, wurden ab dem 19. Jahhundert gezielt als Jagdwild ausgesetzt. In ganz Deutschland leben heute 120 so genannte Teilpopulationen, die besonders im Osten der Republik durch den wieder eingewanderten

Wolf stark gefährdet sind. Die gedrehten Hörner der Widder, die Schnecken, mit ihren typischen Jahresringen, sind beliebte Trophäen. Aber bis die nach etwas aussehen, muss sich das Tier mindestens acht Jahre durch lichte Laubwälder oder offene Heidelandschaft gefuttert haben. Die älteren Herren sind zum Single-Dasein verdammt. In der kleinen Herde bleiben rund 25 Schafe und Jungtiere gern unter sich. Nur in der Brunftzeit buhlen dann die Alleinstehenden um die Gunst der Damen. Treffen sie dabei auf Rivalen, können die Kämpfe stundenlang andauern. Die Tragzeit der Schafe beträgt danach fünf bis sechs Monate, nach denen in der Regel nur ein Lamm zur Welt kommt. Vom 1. August bis zum 30. Januar darf das Mufflon in Deutschland bejagd werden. In den vergangenen Jahren wurden per anno durchschnittlich 7.000 Mufflons erjagt (inkl. Gatterwild).

Das braunrote kurzfaserige Fleisch schmeckt ähnlich wie Lamm mit einer würzigen Wildnote. Auch die Nährwerte sind vergleichbar. Bei Jungtieren sind es ca. 120 Kalorien auf 100 g, bei ausgewachsenen Exemplaren rund 250.

Das Reh ist der kleinste europäische Hirsch und näher mit Rentieren und Elchen verwandt als mit dem einheimischen Rothirsch. Der ursprüngliche Waldbewohner hat sich bestens dem Leben in den deutschen Kulturlandschaften angepasst. Die kleinen Gruppen in den Feldern und Wiesen des Landes sind immer ein schönes Bild, wenn man sie unterwegs zu Gesicht bekommt. Eiweißreiches Futter wird dabei bevorzugt „geäst". Das bringt die Ricken bis zu einem Gewicht von 22 kg und die gehörnten Böcke auf maximal 30 kg. Auch wenn ein Reh einen Menschen auf 400 Meter Entfernung riechen kann, werden rund 1 Million Tiere pro Jahr erlegt. Kein Problem, der Bestand ist groß genug und Rehfleisch ein echter Genuss.

Das dunkelrote Fleisch hat einen aromatischen, aber unaufdringlichen Wildgeschmack. Pro 100 Gramm schlägt es mit fettarmen 122 Kalorien zu Buche, es enthält reichlich hochwertiges Protein und viele Mineralien. Rehfleisch ist von Mai bis Januar erhältlich und stammt fast ausschließlich aus einheimischer Jagd.

Wildschweine sind Allesfresser und sehr anpassungsfähig. Selbst im Berliner Stadtgebiet sind mittlerweile rund 4.000 von ihnen beheimatet. Besonders gern mögen sie Mais. Und da es davon immer mehr gibt in Deutschland, sind sie in manchen Gegenden inzwischen zur echten Plage geworden. Im Jägerlatein heißen Wildschweine auch Schwarzwild. Sie traben locker 10 Kilometer in der Stunde, können prima schwimmen und knacken mit ihrem kräftigen Kiefer sogar Kokosnüsse. Ausgewachsene Eber gelten in der Wildküche als ungenießbar – aber mit denen möchte man sich eh nicht anlegen. Verzehrt werden nur Frischlinge und Sauen. Letztere erreichen rund zwei Zentner Lebendgewicht. Frischlinge werden ganzjährig gejagt; Hauptjagdzeit ist von Mitte Juni bis Ende Januar.

Das Fleisch ist saftig und äußerst pikant. Mit durchschnittlich 110 Kalorien auf 100 gr enthält es viel weniger Fett als Hausschwein und hat dafür mehr Protein, Mineralien und u. a. Vitamin B 12.

Wildente: Von der wild lebenden Stockente stammen alle Hausenten ab. Auffallend sind vor allem die Männchen (Erpel) mit ihrem grünschillernden Kopf und dem weißen Halsring. 10.000 Daunen und Deckfedern müssen ständig eingefettet werden, um das Tier wasserdicht zu halten. Die Stockente ist auf der ganzen nördlichen Erdhalbkugel verbreitet und ist als Kulturfolger des Menschen auch bestens an ein städtisches Umfeld angepasst. Als Binnengewässer reicht dem Schwimmvogel ein Teich in einem Park. Dort frisst er fast alles, was ihm vor den Schnabel gerät. Das sind überwiegend Pflanzen, Saaten und Früchte, aber auch Würmer, Frösche und Schnecken. Brütend auf dem Nest ist eine weibliche Ente ein leichtes Opfer für Greifvögel oder Füchse, deshalb gibt's meist einen Überschuss an Erpeln. Die prügeln sich dann bei der Balz im Frühjahr um die Gunst der Damen, wobei die eine oder andere im Überschwang glatt ertränkt wird. Wenn sie aber weder einem Freßfeind, noch einem Gatten in spe zum Opfer gefallen ist, kann sie unter menschlicher Obhut stolze 40 Jahre alt werden. Das ist aber höchst selten der Fall, denn die Jagdsaison für Enten reicht von Anfang September bis Mitte Januar. Rund 400.000 werden dabei allein in Deutschland erlegt.

100 g Entenfleisch schlägt mit 220 Kalorien zu Buche und ist der leckerste Kompromiss für alle, denen Huhn zu langweilig und Gans zu gehaltvoll ist.

Wildtaube: Im Schlaraffenland fliegen einem gebratene Tauben in den Mund. Schon immer galt Kennern das Fleisch als das delikateste unter allen Geflügeln. In den Handel gelangen überwiegend Ringeltauben, die ein Gewicht von durchschnittlich 500 g erreichen. Sie sind leicht an dem typischen weißen Halsring zu erkennen. Seltener sind die kleinen Türkentauben, die es nur auf 200 g bringen und einen dunklen Halsring haben. Tauben verfügen über einige Besonderheiten, die sie von allen anderen Vögeln unterscheiden. Sie ernähren sich von Samen, Knospen und Beeren, im Winter kommen Bucheckern und Eicheln dazu. Diese rein pflanzliche Nahrung wird im Kropf vorverdaut. Daraus entsteht die sog. Kropfmilch, mit der die Jungen im Nest gefüttert werden. Die Schnäbel der frisch geschlüpften Küken sind weich, damit sie die Alttiere nicht verletzen, wenn sie die Milch direkt aus dem Kropf trinken. In einem Gelege sind immer zwei Eier und da Tauben viele Fressfeinde haben, brüten sie mehrfach im Frühjahr und Sommer. Ihr Ehevertrag endet in der Regel nach einem Jahr. Außerdem können sie ihre Nasenlöcher verschließen und beim Trinken das Wasser aufsaugen und schlucken.

Tauben dürfen in der Regel nur im Winter bejagt werden. Da haben sie sich im Vorfeld eine kleine Fettreserve angefuttert. So schlägt das Fleisch auf 100 g mit 240 Kalorien zu buche.

JÄGERSPRACHE

Gleich mal vorweg: Jägerlatein ist etwas anderes. Darunter versteht man Aufschneidereien, gerne in einer Begrifflichkeit vorgetragen, die dem gemeinen Volk nicht zur Verfügung steht – wie früher das Lateinische eben. Übertreibungen gehören dazu, spätestens seit Pharao Thutmosis III. schwadronierte, er habe auf einem einzigen Feldzug 120 Elefanten zur Strecke gebracht. Es war kein Rekord für die Ewigkeit: Kaum 300 Jahre später erkühnte sich der assyrische König Tiglatpileser I. zu behaupten, er habe außer den üblichen 120 Elefanten auch noch 800 Löwen geschossen. What a man!

Ursprünglich war die Jägersprache eine Zunftsprache, der es vor allem um höchste Präzision in der Beschreibung zu tun war. Sie entwickelte sich weiter in den mittelalterlichen Jagdgesellschaften des Adels – als Distinktionsmerkmal, würden wir heute sagen, um sich gegenüber den niederen Ständen abzugrenzen. Gleichwohl belustigte man sich, wenn man nicht Eingeweihte mit Jägerlatein in die Irre führte und die Leute blöd dreinschauten. Adeliger Humor – eher ein Fall für die Couch.

Folgende Liste ist bei weitem nicht vollständig. Es werden nur einige wenige Begriffe übersetzt, zumal wenn sie in diesem Buch vorkommen.

Abbaumen – Gilt genauso für Federwild wie für Jäger, heißt nämlich ganz einfach, einen erhöhten Platz zu verlassen.

Abnicken – Wenn ein Wild verletzt ist, wird es durch einen Stich ins Genick getötet. Zu diesem Behuf wird der Kopf nach vorne gedrückt. (Die Assoziation „dösende Politiker während Sitzung" ist verboten!)

Abschwarten – So nennt man das Häuten des erlegten Schwarzwilds oder Dachses. Kommt regional auch übertragen in die Alltagssprache als Drohwort vor und bedeutet, Händel, Prügel, Hiebe.

Annehmen – Ein Jäger wird vom Wild angegriffen, sprich angenommen. (Psychotherapeuten verstehen etwas anderes darunter.)

Ansitzen – Auf einem Ansitz (nicht immer *Hochsitz*!) auf das Wild warten. (So was kann dauern. Mit einem guten Brand lässt sich die Geduld verlängern und später auf den Jagderfolg anstoßen.)

Aufbrechen – Der Beute die Eingeweide herausschneiden. (Niemand hat behauptet, die Jagd sei

etwas für Sensibelchen.) *Aufbruch* heißen die inneren Organe, einst bei Göttern als Opfergabe beliebt, heute (siehe z.B. Wildschweinleber) auch bei menschlichen Gourmets.

Basse – Ein männliches Wildschwein von erstaunlichen Kräften, von dem man sich lieber nicht *annehmen* (s. o.) lassen sollte.

Behang – Meistbeliebt bei Mädchen und Comic-Zeichnern: die Schlappohren des Jagdhundes. Tatsächlich wird auch das Hundealter so angegeben: „im zweiten Behang" heißt im dritten Lebensjahr.

Blanke Waffen – Hirschfänger oder **Nicker** (ein etwa 15 cm langer Dolch), auch „kalte" Waffen, im Gegensatz zu den, ja, genau, „warmen".

Blattschuss – Führt zu einem raschen Tod, da sich hinter dem Schulterblatt das Herz befindet. (Die in Hobbykellern gern gehörten „Gebrüder Blattschuss" beziehen ihren Namen aus einem Akronym.)

Büchsenlicht – Meist kurz vor der Morgen- oder Abenddämmerung. Kimme und Korn sind gerade noch zu sehen. Das ist beruhigend, vor allem für die Treiber.

Burgfrieden – In einem einzigen Bau koexistieren verschiedene Tiere, hoffentlich in guter Nachbarschaft. Anzunehmen, dass ein Burgfrieden zwischen Fuchs und Dachs länger dauert als zwischen Fuchs und Hase.

Curée – Lieblingsvokabel von Harrison und Timmy, Sörens beiden Jagdhunden: das Recht der Hunde bzw. ihr Anteil nach *abgeblasener* Jagd. (Das heißt nicht, die Jagd hätte gar nicht stattgefunden, sondern sie ist mit einem *Jagdhorn* beendet worden.)

Durch die Lappen gehen – Das Wild entkommt. Stammt tatsächlich aus der *Lappjagd*, einer *Drück-* oder *Treibjagd*, bei der *Blendzeug* (die Lappen) an *Archen* (Leinen) aufgehängt wird. Alles verstanden? Heute fast nur noch bei der Wolfsjagd gebräuchlich.

Dunst – Feiner Schrot, nur für Vögel zulässig.

Einfallen – *Federwild* lässt sich nieder, auf Bäumen, im Wasser oder auf dem Boden. Manchmal kein guter Einfall, aus der Sicht des Federviehs.

Einstand – Ein Grund zum Feiern! Nämlich für das Wild: Denn der Einstand bezeichnet einen Rückzugsraum für Wildtiere, die diesen gern aufsuchen, um ihre Ruhe zu haben.

Fangschuss – Nicht so erfreulich wie der *Blattschuss*, denn voraus ging ein Schuss oder Unfall, bei dem Wild nicht starb, sondern *waidwund* wurde. Jedenfalls beendet der Fangsschuss die Sache.

Feistzeit – Das Wort ist selbsterklärend. Tatsächlich geht es darum, sich einen Ranzen anzufressen, sprich Fettreserven, sprich die Rehböcke und Hirsche brauchen Kraft für die *Brunft*.

Forkeln – Bezeichnet den Kampf der Gehörn- und Geweihträger, also vor allem das Stoßen. Zutiefst unerfreulich wird es, wenn das Forkeln nicht in der Auseinandersetzung untereinander geschieht, sondern Hund oder Jäger gilt.

Geläut – Poetische Umschreibung für das Gebell der Jagdhunde, etwa bei der *Treibjagd*. Auch andere Tiergattung, z. B. Schwäne, erheben den Anspruch, läuten zu können.

Halali – Unverzichtbarer Teil des jagdlichen Brauchtums, als Gruß sowohl mit dem Horn als auch ganz schlicht und einfach mündlich zu erbringen. Während der Jagd verkündet das Halali: „Jetzt ist mal Stopp."

Hexenringe – kreisförmig ausgetretene Grasnarben etwa in Kornfeldern, die in der Brunftzeit der Rehe entstehen können, wenn der Rehbock die Ricke treibt. Allerdings sind diese nur selten wirklich genau kreisförmig.

Holzen – Da kommt man nicht drauf: Im Unterschied zum Jargon von Waldarbeitern und Fußballverteidigern meint Holzen im jagdlichen Gebrauch das Wechseln von Ast zu Ast, vor allem von Mardern. Im Reich der Menschen einzig und allein Tarzan vorbehalten.

Horrido – Begrüßung, aber auch Ehrenbekundung. Hat Eingang gefunden in zahlreiche Volkslieder, auch an Stammtischen populär, dann als Signallaut zu Alkoholeinfuhr.

Hubertus, Sankt – Schutzpatron der Jagd. Nach einer mittelalterlichen Legende vom gnadenlosen Jäger, der von einem Hirschen bekehrt wird. Trick: Es leuchtet ein Kreuz im Geweih. Fast noch bekannter als die Geschichte ist ein Kräuterlikör, der das fromme Ereignis im Emblem übernommen hat.

Jagdfieber – Klingt spannend, ist aber negativ. Denn es bezeichnet die Stressreaktion, wenn den Jäger der Anblick des Wildes nervös macht. Umgekehrt fast noch leichter vorstellbar.

Jagdzeug – Der Begriff subsummiert sämtliches Gerät, das für die Jagd notwendig ist. Kann auch für nahezu sämtliche heute bekannten Jagdarten verwendet werden.

Kanzel – Hochsitz. Näheres über die Bezüge zwischen *Waidwerk* und Theologie unter *Hubertus, Sankt*.

Kern – Ausdruck für Hartgesottene: Meint genau das, was übrigbleibt, wenn man den Körper eines nicht so großen Haarwildes *abgebalgt*, also sozusagen geschält hat.

Kirrung – Das Füttern von *Schwarzwild* folgt in diesem Fall nicht mitgeschöpflichen Erwägungen, sondern dient dem Anlocken.

Knautschen – Vom Wortstamm her tatsächlich mit Knutschen verwandt, allerdings in einer gar zu leidenschaftlichen Form: Der Jagdhund hat das angeschleppte Stück unbotmäßig gequetscht.

Lösen – Eine heikle Doppelbedeutung: Einerseits das *Absetzen* von Kot durch Tiere, andererseits der Erwerb bzw. die Erneuerung des *Jagdscheins*.

Luder – Durchaus kein Kosewort. Bezeichnet Eingeweide oder Teile vom toten Wild, die am *Luderplatz* als Köder ausgebracht werden.

Malepartus – Ein ab und an für halbseidene Kneipen verwendeter Fabelbegriff für den *Fuchsbau*.

Mäuseln – Hört sich goldig an, will aber gelernt sein: Nachahmung von Mäusepiepsen in höchster Frequenz, um Raubwild zu interessieren.

Mönch – Respektlose Namensgebung für einen Hirsch ohne Geweih. Als hätte der's nicht schon schwer genug. Noch fieser: *Plattkopf*.

Orgeln – Musikalische Beschreibung des Schreiens eines Rothirschs während der Brunft. Kann, wie jedes gute Musikstück, lange dauern.

Quäke – Ein weiteres Locksignalinstrument. Es soll hasenartige Geräusche von sich geben, um vor allem Füchse anzusprechen.

Quittieren – Möglicherweise aus der Beamtensprache in die Jägersprache eingewandert: Ein beschossenes Wild quittiert bzw. *zeichnet* und bestätigt somit amtlich, dass es getroffen wurde. Vorbildlich!

Revieren – Absuchen des Reviers mit Hilfe eines *Jagdhundes* – und zwar systematisch. Bisweilen zieht sich das über Stunden hin.

Rollieren – Eigentlich Radschlagen, finale Akrobatik. Mitunter überschlägt sich das Wild auf der Flucht nach *Erhalt* der Kugel.

← ← UNVERZICHTBARES JAGD-UTENSIL:
MEIN MERKEL-BERGSTUTZEN B4
MIT LEICA ERi-ZIELFERNROHR

Rudeln – a) Ruf des Birkhahns, b) Versammlung von Rudeltieren, c) imitiert von maskulinen Ballsportlern nach Schiedsrichterentscheidungen.

Saufänger – Z. B. bei einer Drückjagd eingesetzte Klinge zum *Abfangen* (Erstechen) von Wildschweinen. Hier erwähnenswert auch die *Saufeder*, eine lange Klinge, die auf einem Hartholzstiel angebracht wird, zum nämlichem Zwecke.

Schadhirsch – Fast immer ein Einzelgänger, der gern *Forkelt*, darum auch *Mörderhirsch* genannt. (Ganghofer verzichtete auf die Abfassung des Singspiels „Der Mörderhirsch vom Schluchtensee.")

Schlüpfertyp – „Klassifizierung von Reh- und Sikawild." Weitere Kommentare verbeten.

Schlüsselbetrieb – Bildhafte Bezeichnung des Treibens nach der Jagd, wenn die Gesellschaft in froher Runde hungrig zusammenkommt.

Schweinesonne – Kein Fluch verirrter Wanderer im Sommer, sondern jägersprachlich der Vollmond, welcher mit Vorliebe Wildschweine bescheint.

Schweiß – Auch „Fasch", also Blut. Insbesondere im Schnee gut zu sehen und zu verfolgen, bis das *waidwunde* Tier aufgespürt ist und per *Fangschuss* oder *Abnicken* sein diesseitiges Ende findet.

Verludern – Kaum verzeihlich: Ein erschossenes Wild wird nicht aufgefunden, sondern vergammelt. Immerhin noch einsetzbar als *Luder*, von Lebewesen mit ausgeprägtem Raubimpuls geschätzt.

WILDKRÄUTER

Bärlauch – Lauchgewächs, einjährige Pflanze, die im frühen Frühjahr zwei schlanke Blätter und im April eine weiße Doldenblüte austreibt. Bevorzugt schattige Laub- und Mischwälder, wo er sich im Frühjahr oft flächendeckend zeigt. Guter Nährstoffanzeiger für humosen, lockeren Boden. Enthält u. a. Alliin, das wie bei seinem Verwandten, dem Knollenknoblauch für den typischen Geruch sorgt. Wer vor der Ernte an den Blättern schnuppert, verhindert so die Verwechslung mit dem giftigen Maiglöckchen. Vom Bärlauch sind alle Bestandteile essbar. Vielfältig einsetzbares Würzkraut für alle Gerichte, bei denen sonst Knoblauch zum Einsatz kommt. Lecker in Dips, Pesto und Brotaufstrichen. Salat oder Gemüse – bestreut mit Bärlauchblüten – sind auch ein leckerer Hingucker. Bärlauch sollte ausschließlich roh verwendet werden, da er erhitzt schnell sein Aroma verliert.

Colakraut – Korbblütler, auch Eberraute genannt. Mehrjähriger, krautiger Strauch mit fiedrigen Blättern. Blütezeit von Spätsommer bis Herbst. Stark duftend. Liebt sonnige Standorte und verträgt Trockenheit. Im Garten beliebt, weil ihre ätherischen Öle Fliegen und andere Plagegeister vertreiben. Nur die zarten Blattspitzen finden Verwendung als Gewürz für Fisch und Fleisch, in Salaten, Kräuterquark und Soßen.

Gänseblümchen – Korbblütler. Aus einer kreisrunden Blattrosette wachsen von März bis November weiße bis zartrosa Blüten. Tatsächlich handelt es sich um Scheinblüten, die sich den ganzen Tag nach der Sonne richten. Bei schlechtem Wetter schließen sie sich. Bevorzugte Standorte sind Wiesen, Parkrasen und Gärten. Wo gemäht wird, können Gänseblümchen nicht von anderen Pflanzen überwuchert werden. Am besten schmecken die jungen Blättchen der inneren Blattrosette im Salat. Erst leicht geöffnete Blütenknospen schmecken angenehm mild, die voll aufgeblühten bekommen eine leichte Bitternote und dienen besser nur als Dekoration.

Liebstöckel – Doldenblütler, auch Maggikraut genannt. Winterharte krautige Pflanze mit intensivem Geruch, die bis 2,5 m groß werden kann. Typisch die gezahnten Fiederblättchen. Die hellgrünen Blütendolden zwischen Juni und August sind eher unscheinbar. Der Geschmack geht in Richtung Sellerie, nur deutlich würziger. Entsprechend passen die zarten Blätter in Suppen, Soßen und Eintöpfe, zu Eierspeisen oder Pilzgerichten.

Bärlauch

Gänseblümchen

Liebstöckel

Pimpinelle

Oregano

Sauerampfer

Senfkraut

Taubnessel

Meerrettich – Kreuzblütler, kräftige Krautpflanze mit Wuchshöhen bis zu 1,20 m. Große traubige Blütenstände von Mitte Mai bis Juli. Winterhart bis –50 °C. Pfahlwurzel wird ca. 40 cm lang mit einem Durchmesser von 6 cm. Bevorzugt lockere, durchlässige Böden. Die tränentreibende Schärfe der geriebenen Wurzel beruht auf den enthaltenen Senfölen. Passt zu Räucherfisch, Tafelspitz, Roastbeef und Würstchen. Beliebter Brotaufstrich mit Quark oder Frischkäse. Als Preiselbeer-Meerrettich gut zu Wildgerichten.

Oregano – Lippenblütler, auch „wilder Majoran" genannt. Mehrjähriges winterhartes Kraut, das wild auf Trockenwiesen oder an Waldrändern wächst. Kleine Blätter und rosa Blüten, die in Scheinrispen angeordnet sind. Blütezeit von Juli bis September. Kann ganzjährig geerntet werden. Das würzig aromatische Kraut passt zu allen Gerichten der mediterranen Küche, sowie in Suppen und Soßen, zu Fleisch und Fisch. Als einziges Kraut intensiviert sich sein Geschmack im getrockneten Zustand.

Petersilie – Doldenblütler, zweijährige Pflanze mit krausen oder glatten Blättern und großer Wurzel, die als Würzgemüse Verwendung findet. Bevorzugt werden sonnige Standorte mit nährstoffreichem gut durchlässigen Boden. Eines der ältesten und bekanntesten Küchenkräuter. Blattpetersilie sollte unbedingt frisch verwendet und nicht mitgekocht werden. Beim Erhitzen verliert das Kraut schnell seine Würze. Also erst zum Anrichten über Gemüse oder Kartoffeln streuen. Gehört in die Frankfurter Grüne Sauce, passt gut in Kräuterquark, Kräuterbutter oder zu Salaten mit Couscous oder Bulgur.

Pimpinelle – Rosengewächs, auch kleiner Wiesenknopf genannt, an den Stielen 3 – 12 rosettig angeordnete, ovale Blattpaare. Blütezeit Mai bis August, Fruchtreife Juli bis Oktober, winterhart, bevorzugt sonnige Standorte auf Magerwiesen mit Lehmboden. Der Geschmack von Blättern und Blüten erinnert an Gurke, Bestandteil der Frankfurter Grünen Soße. Passt zu Salaten, in Marinaden und Soßen zu Fisch und Geflügel.

Sauerampfer – Knöterichgewächs, bis zu 1 m hohes Kraut mit rötlich rispigem Blütenstand von Mai bis August. Liebt nährstoffreiche Böden und wird in der Landwirtschaft nicht gern gesehen. Die Saat überlebt mehrere Jahre im Boden und sogar in Gülle. Der frisch-säuerliche Geschmack der Blätter peppt Suppen, Soßen, Salate und Eierspeisen. Bringt Würze in Spinat und gehört in die Frankfurter Grüne Soße.

Senfkraut – Kreuzblütengewächs, einjährige krautige Pflanze mit rau behaarten Laubblättern und gelbem Blütenstand, der an Raps erinnert. Es bildet Schoten, in denen 4 bis 8 Senfkörner stecken. Bevorzugt halbschattige Standorte mit humosem Boden. Die frischen, leicht scharf nach Senf schmeckenden Blätter passen in Salate und Eintöpfe. Sie würzen Gerichte mit Eiern, Wurst oder Quark. In der indischen Küche wird Senfkraut wie Spinat verwendet.

Steinklee – (nächste Seite oben links) Schmetterlingsblütler, Nebenzweige am Stiel mit je nur 3 Fiederblättchen, traubige, unverzweigte Blütenstände, bildet Hülsenfrüchte. Ein- bis zweijährig, bevorzugt steinige Standorte. In der Landwirtschaft

als Weidepflanze und Bienenweide. Das bei der Trocknung zur Gewinnung von Heu frei werdende Cumarin erzeugt den typischen Heugeruch. In der Medizin wird dieser Stoff zur Hemmung der Blutgerinnung eingesetzt. Sein vanilleähnliches Aroma findet sich auch in Waldmeister oder in der Tonkabohne. In der Küche dient echter Steinklee zur Dekoration von Desserts.

Taubnessel – (oben rechts) Lippenblütler, ähnelt optisch stark der Brennessel, ist aber nicht direkt mit ihr verwandt. Ihr fehlen die Brennhaare. Mehrjährige Krautpflanze, Blütezeit von April bis Oktober. Die nektarreichen Blüten werden vor allem von Hummeln bestäubt. Wächst besonders gut an stickstoffreichen Wiesen- und Wegesrändern. Die jungen Triebe können wie Spinat zubereitet werden. Gehackte Blätter bereichern Kräuterquark oder selbst gemachtes Pesto. Tee aus den getrockneten Blüten wirkt entzündungshemmend.

Vogelmiere – Nelkengewächs, einjährige Pflanze, dicht am Boden wachsendes Kraut mit kleinen Blättern und weißen Blüten, die bei schlechtem Wetter geschlossen bleiben. Eine Pflanze kann bis zu 15.000 Samen bilden und breitet sich daher sehr schnell aus. Sie bevorzugt feuchte, nährstoffreiche Böden, auch im Schatten. Beliebtes Frischfutter für Ziervögel. Sehr hoher Vitamin C-Gehalt. Geschmacklich erinnert die Vogelmiere an frischen jungen Zuckermais. Macht sich gut in Suppen, Salaten oder Kräuterquark.

Wicken – Schmetterlingsblütler, einjährige, stark verzweigte Krautpflanze, die an Zäunen oder anderen Pflanzen emporrankt. Aus den traubigen Blütenständen entwickeln sich erbsenähnliche Schoten mit 2 bis 8 Samen. Einige Wickenarten (z. B. Ackerbohne oder Linsenwicke) werden landwirtschaftlich genutzt, die stark duftenden Zierarten sind ungenießbar. Die Wicke dient in der Vase oder auf dem Teller nur zur Dekoration.

Wilde Möhre – Doldenblütler, zweijährige krautige Pflanze mit gefiederten Blättern und weißen Blütendolden. Der schwarze Punkt in der Mitte der Blüte wird als „Mohrenblüte" bezeichnet – daher der Name der Pflanze. Ein Elternteil der Gartenmöhre mit essbarer, aber mangels Karotin weißer Wurzel. Blütezeit von Mai bis September. Gedeiht auf Wiesen und Brachflächen. Die frischen Blättchen haben ein intensives Möhrenaroma. Sie passen in Wildkräutersalate, Brotaufstriche, Suppen und Eintöpfe.

Zucchiniblüte – Die gelben Blüten des Gartenkürbis gibt es nur wenige Wochen im Jahr - er blüht im Juni. Werden nur die männlichen Blüten verwendet, wird der Ertrag der Pflanze nicht geschmälert. Trotzdem sind die weiblichen Blüten größer und lassen sich deshalb leichter füllen. Im Geschmack sind die dekorativen Blüten mild und nussig. Die kleineren männlichen Blüten lassen sich ungefüllt braten oder frittieren. Als Füllung für die weiblichen Blüten eignen sich z. B. eine Fleischfarce oder Ricotta mit Kräutern. Immer nur bis zur Hälfte füllen und mit einem blanchierten Schnittlauchhalm zubinden. Im Anschluss braten oder im Ofen überbacken.

KÜCHENLATEIN

Ablöschen – Angebratenes Fleisch oder Gemüse mit Flüssigkeit, meistens Wein oder Brühe, begießen, um den Bratensatz im Topf zu lösen.

Abpassieren – Flüssigkeit vorsichtig durch ein Passiertuch oder ein feines Sieb abtropfen lassen. Gern etwas nachhelfen, so dass keine festen Bestandteile mehr übrig bleiben, sondern lediglich die reine Flüssigkeit.

Abschmecken – Fertig gegarte Gerichte vor dem Servieren noch einmal mit Gewürzen verfeinern.

Abschrecken – Schnelles Abkühlen von Zutaten wie Eiern oder Gemüse. Zutaten nach dem Garen in kaltes Wasser tauchen, um so den Garprozess abzubrechen.

Aufschlagen – Zutaten wie Eiweiß oder Sahne mit dem Schneebesen, dem Handrührgerät oder der Küchenmaschine zu einer schaumigen bzw. cremigen Masse schlagen.

Blanchieren – Gemüse in Salzwasser kurze Zeit kochen, danach in Eiswasser tauchen. Dadurch behält das Gemüse Farbe und Biss. Die Garzeit richtet sich nach der Konsistenz des Gemüses. Anschließend kann das Gemüse in Soße, Suppe oder Butter geschwenkt werden.

Braten – Bei trockenerer Hitze und hohen Temperaturen zwischen 160 °C und 200 °C werden hauptsächlich Fleisch aber auch Gemüse mit oder ohne Zugabe von Fett gegart und gebräunt.

Confieren – Bedeutet „Einlegen" oder „Einkochen". Dabei werden Fleisch, Fisch oder Gemüse in Fett oder Öl bei sanfter Hitze gegart.

Dünsten – Methode, bei der vor allem Gemüse und Früchte in wenig Fett und etwas (oder keine) Flüssigkeit garen. Wichtig dabei, mittlere Hitze und den Deckel für den Topf nicht vergessen.

Filetieren – Bezeichnet das Entfernen von unerwünschten Teilen, bei Fleisch oder Fisch etwa von Knochen oder Gräten. Bei Zitrusfrüchten das Herauslösen aus der Haut. Ergebnis: reine Filetstücke.

Fond – Fonds werden aus Knochen, Gräten oder Gemüse mit Wasser und Gewürzen gekocht. Anschließend durch ein Sieb gegeben. Die daraus

entstandene, aromatische Flüssigkeit dient als Grundlage für Suppen oder Soßen.

Frittieren – Berliner, Krapfen, aber auch Kräuter wie Petersilie oder Kapern, in reichlich heißem Fett knusprig ausbacken. Ergebnis: herrlich knusprige, goldbraune Köstlichkeiten. Die Stücke beim Backen wenden. Anschließend mit einer Schaumkelle herausheben und auf Küchenpapier kurz abtropfen lassen. Wichtig dabei: Das Fett sollte starke Hitze vertragen. Kokosfett, Sonnenblumenöl oder Rapsöl sind gut geeignet.

Glasig – Wenn Zwiebeln oder Reis in etwas Fett gedünstet werden und durchsichtig schimmern.

Jus – Französische Bezeichnung für Saft, bezeichnet einen stark eingekochten Fond, der als Grundlage für Soßen oder Suppen verwendet wird.

Karamellisieren – Das Schmelzen und Bräunen von Zucker. Wichtig: er sollte ständig gerührt werden. Und: Erst rühren, wenn er an den Rändern zu schmelzen beginnt. Am besten mit einem Holzlöffel. Ist er hellbraun, die Pfanne vom Herd nehmen, sonst wird das Karamell schnell zu dunkel und bitter. Vorsicht: Der flüssige Zucker wird sehr heiß und man kann sich sehr leicht verbrennen.

Niedrigtemperaturgaren – Eine sehr schonende Methode, um Fleisch oder Fisch im Backofen zu garen. Die Backofentemperatur beträgt hierbei ca. 80 °C. Fleisch oder Fisch bleiben zart und saftig. Vor oder nach dem Garen, Fleisch oder Fisch von beiden Seiten scharf anbraten, wenn man appetitliche Röstaromen „nachlegen" mag.

Passieren – Sieben, Streichen oder Drücken von Soßen, Pürees oder Suppen durch ein Sieb oder Passiertuch. Größere und unerwünschte Bestandteile wie Gemüsestücke, Knochen, Gewürze bleiben zurück und man erhält eine feinere Konsistenz.

Schmoren – Eine Garmethode, bei der die Zutaten zunächst in Fett oder Öl angebraten, danach mit Flüssigkeit abgelöscht und gegart werden. Bestens geeignet für Fleisch und Gemüse.

Tomatisieren – Damit Soßen und Suppen eine schöne Farbe erhalten, Tomatenmark im Topf anrösten, bevor mit Brühe oder Wein abgelöscht wird.

Unterheben / Unterziehen – Creme oder Kuchenteig wird mit einer schaumigen Masse wie Eischnee oder Sahne aufgelockert. Beim Unterheben oder „Unterziehen" die entsprechende Masse mit einem Holzspatel oder Teigschaber von oben nach unten bewegen, dabei nicht rühren. Sonst geht die luftig schaumige Struktur verloren.

Wasserbad – Eine Metallschüssel auf einen Topf mit kochendem Wasser setzen. Die Zutaten in der Schüssel lassen sich schonend erhitzen. Wichtig zum Schokoladeschmelzen oder für Cremes.

Zur Rose ziehen – Romantische Bezeichnung für die ideale Konsistenz einer Creme, die im Wasserbad zubereitet wird. Damit lässt sich feststellen, ob die richtige Cremigkeit erreicht wurde. Dafür den Rührlöffel in die Creme tauchen und auf den Löffelrücken pusten. Entstehen dabei wellenförmige Linien, so dass die Masse auf dem Löffel wie eine Rose wirkt, ist die Creme perfekt.

←← EINGELEGTE PFLAUMEN S. 80

An der Grenze von Wald und Ebene

Aus der Perspektive der Ebene gesehen, gleicht das Turmberg-Restaurant von Sören Anders einem Hochsitz. Nicht auf eine nebelfeuchte Lichtung schaut es herab, sondern auf den Orsteil Durlach, auf Karlsruhe, übers Rheintal. Dort oben sitzt er an. Und lauert. Worauf? Auf uns natürlich! Zum Glück genießen wir das Privileg, Gäste zu sein, nicht Beute. Die längste Zeit seiner Entwicklung war der Mensch nicht Jäger, sondern Gejagter. Das haben wir hinter uns, weitgehend. Jetzt sind wir dran zu genießen: den Ausblick, die Frische, das Wild.

Grau und blau sind die Farben, die das „Anders auf dem Turmberg" dominieren. Grün hat es drum herum mehr als genug. Wer von der anderen Seite, also nicht mit der Turmbergbahn oder auf der Engelsleiter steil hinaufkommt, sondern über Streuobstwiesen und unterm Laubdach sich seinem Ziel nähert, könnte das gastliche Haus für ein Waldrestaurant halten. Aber was für eins! Modern, leicht, licht, unverwechselbar. Wie die Speisen, so das Interieur. Gemeinsam mit der Architektin Stefanie Meer hat Anders sein Revier erschaffen. Das war 2012. Jetzt kann er sich austoben, zusammen mit 30 Mitarbeitern.

30? Es sind noch mehr. Die tragen aber keine Teller oder schnippeln Grünzeug aus dem Umland. Sondern sie schwärmen aus ... Noch früher als zur Jagd, nämlich mit 14, kam Sören zur Imkerei. Seine eigenen Bienen finden hier alles, was sie brauchen: Die Blüten an den Obsthängen, den Nektar der Wälder. Honig kann man, muss man aber nicht aufs Frühstücksbrötchen träufeln. Man darf auch damit kochen – eine hervorragende Idee, zum Beispiel zu Wild.

771 n. Chr. ist die Wein-Steillage am Turmberg ersterwähnt. Sie liegt Sorens Restaurant zu Füßen. Das Burggemäuer nebenan hat nur gut 200 Jahre lang die Leute erschreckt, dann ließ es der Bischof von Straßburg einreißen. Seither verdingt sich der charakteristische Viereckturm als Wahrzeichen. Eine wahrlich positive Entwicklung.

WILDER DANK ...

... gilt vielen Akteuren bei diesem Kochbuch. Damit auch wirklich jeder eingeschlossen ist: Ich danke euch allen! Von ganzem Herzen. Danke, dass ihr an diesem Band mitgewirkt habt. Es hat großen Spaß gemacht diese Seiten mit euch zu befüllen. Kilian Wachter, unser erster Küchenchef, hat großen Anteil daran. Vor allem ihm ist es zuzuschreiben, dass Fotograf Thomas Rebel immer auf den Punkt seine „Shotz" der eigens zubereiteten Gerichte machen konnte. Accompagniert wurde das Ganze von der Journalistin Christine Weiland, die sich bereits beim Shooting einen Eindruck von all jenen Wild-Leckereien machen konnte, die sie sogleich auf Kochtauglich- und Verständlichkeit unter die Lupe nehmen durfte. Ohne deine kleine Wild- und Kräuterkunde wäre dieses Werk nicht komplett.

Dank an den Schriftsteller und Food-Journalisten Johannes Hucke, der mit seinen literarischen Häppchen diesen Band reich garniert und zudem meine Jagdgeschichten in Form gebracht hat.

Danke allen, die im Restaurant „Anders auf dem Turmberg" vor und hinter den Kulissen mitwirken und mich teilweise schon seit 2012 begleiten. Jeder einzelne trägt dazu bei, dass wir mit unserem Konzept erfolgreich sind: Nina Ardizzone, Ursula Arena, Nikolai Hock, Elisabeth Daniel, Yildiz Dönmez, David Fränkle, Marcel Gros, Wanissa Hüfner, Florence Kamagaju-Hoffmann, Bastian Kampmann, Samira Karle, Tobias Klaus, Andreas Kohler, Florian Krannich, Sabrina Lerche, Thomas Maurer, Matensz Oleksik, Pascal Oudotte, Lukas Roth, Luise Schettel, Natalie Schneider, Thomas Schnepf, Christian Spetzger und Penjchen Yao. Und liebe Barbara Bechtold, solche Geschäftspartner wie du sind ausgesprochen rar. Danke für dein Vertrauen.

Ja, klingt vielleicht banal, aber ohne meine Eltern und Großeltern wäre ich mangels Aufderweltsein gar nix – auch kein Jäger geworden. Ihr seid großartig! Unvorstellbar wäre das Ganze ohne Timmy und Harrison, meinen Beagle und Ridgeback. Sie sind neben Denis meine treuesten Gefährten, allzeit mit mir auf der Pirsch. Beide begleiten mich ebenso zuverlässig wie mein Merkel-Bergstutzen. Und was meine Augen nicht sehen können, offenbart sich Dank Leica-Optik.

Du hast (auch) an mein erstes Kochbuch geglaubt und mich unterstützt, diesen Traum vor zwei Jahren zu erfüllen. Seither sind wir so manchen Schritt miteinander gegangen. Danke, Thomas, dass du wieder so engagiert mit im Boot gewesen bist.

Diese 192 Seiten sind nicht zuletzt all jenen gewidmet, die Spaß am Kochen und Genießen haben, den Freunden unseres Hauses, unseren Gästen, für die wir uns jeden Tag aufs Neue ins Zeug legen. Ihr seid das Salz in der Suppe.

Index

Apfel 62, 66, 102, 144
Apfelgel 44, 46
Apfelsaft 20, 44, 54, 62, 94, 110, 116
Apfel-Streusel-Kuchen 144
Aprikosen, getrocknet 114
Auberginen 100
Aufgesetzter 156
Austernsoße 32

Backkartoffel 118
Backpflaumen 80, 114
Balsamicoessig 28, 40, 62, 66, 72, 88,
    90, 104, 114, 116
Bärlauch 56, 78, 177
BBQ-Sauce 104, 116
Beerenragout 150
Beerensorbet 154
Berglinsen 134
Bier 87, 114, 129
Birnen 58, 60, 66, 68, 70, 146
Birnen-Schoko-Kuchen 146
Blumenkohl 36, 38
Blütenpollencreme 148
Blutorange 26, 158
Bolognese 78
Bratkartoffelpüree 54, 56
Bratwurst 52
Brioche 24, 26, 104
Brotchips 28, 32
Brunnenkresse 42
Bulgursalat 120

Champagnerkraut 40, 42
Chicoree 34
Chili 34, 46, 104, 110, 118, 134
Chiliflocken 78, 88
Cola 104, 116
Colakraut 177
Cornflakes 106
Cornichons 92
Couscous 124, 179
Cranberries 154
Cumberlandsauce 24, 26
Curry 13, 124, 134

Damhirsch 88, 92
Damhirschnacken 88, 90
Damwild 19, 52, 99
Dörrobstchutney 66

Eigelbcreme 88, 90
Eingelegte Pflaumen 80
Eingelegte Trauben 40
Entenbrust 130, 132
Entenkeulen 134
Erbsen 30
Estragon 36, 38
Estragonsenf 34, 36, 40, 46

Fasan 13, 30, 40, 161
Fasanenbeine 30
Fasanenbrust 28, 32, 40, 42
Feldsalat 74
Fenchelsaat 130, 138, 140
Fischsoße 134
Flusskrebsschwänze 30
Frühlingsrollenblätter 20, 44

Gamsnuss 94, 96
Gänseschmalz 54
Geflügelfond 26, 28, 30, 32, 42, 52, 68,
    72, 82, 104, 108, 114, 116, 124, 126, 132,
    134
Gemüseperlen 18
Gewürzsalz 138
Gin 108
Grießflammerie 150
Grießnocken 82, 84
Gurke 62, 179

Haselnüsse 64, 74, 106, 122, 144
Haselnussspätzle 122
Hasenkeule 120
Hasenleber 122
Hasenpfeffer 122
Heidelbeeren 154
Herzgulasch vom Reh 68, 70
Himbeeren 154, 156
Hippe 154
Hirsch 52, 58, 163, 165, 175
Hirsch, Damhirsch 88, 92
Hirschgulasch 13, 58, 60
Hirschkalbsschnitzel 62, 64
Hirschrouladen 54, 56
Hirschrücken 66
Honig 26, 74, 104, 116, 118, 130, 146, 154,
    158, 187

Ingwer 34, 46, 66, 104, 110, 124, 148

Joghurt 20, 124, 134
Johannisbeeren 154, 156
Johannisbeersaft 34, 150, 154

Kalbsfond 32, 136
Kaninchencurry 124
Kaninchenfleisch 124, 126, 161
Kaninchengalantine 126, 128
Kaninchenrückenfilet 126
Kaninchenvorderläufe 126
Kardamom 58, 110
Karotte 16, 18, 30, 78, 88, 136
Kartoffel 30, 32, 40, 46, 52, 56, 72, 74,
    80, 92, 96, 118, 128, 179
Kartoffelchips 56, 96
Kartoffelknödel 94, 96
Kartoffelsalat 72, 74
Kirschtomaten 100, 116
Knoblauch 22, 30, 36, 44, 52, 80, 100,
    104, 114, 116, 118, 122, 126, 134, 177
Knödel 16, 18, 94, 96, 154
Knollensellerie 16, 18, 68
Kohl, Weißkohl 64
Kohlrabi 126
Kokosmilch 124
Koriander 118, 120
Kornelkirschen 156
Krautsalat 64
Kümmelsaat 64, 130

Lakritzsoße 32
Lauch 16, 78, 136
Laugengebäck 58, 72
Leber 18, 20, 32, 102, 122, 126
Leberklößchen 18
Leipziger Allerlei 30
Liebstöckel 177
Limetten(saft) 148, 158
Limettenblätter 84, 120, 124, 134, 148
Limonade 158
Linsen 134
Lorbeer 16, 22, 24, 34, 36, 40, 42, 44,
    46, 52, 58, 60, 70, 78, 88, 90, 94,
    104, 114, 116, 122, 132, 136, 140

Mais 106
Maisküchlein 106
Majoran 24, 42, 52, 179
Mandel(blättchen) 96, 152
Marinierte Rote Bete 130
Maronen, Maronenschaum 28
Maultaschenteig 72
Meerrettich 179
Minze 120, 124, 134, 158
Mixed Pickles 88
Muffelrücken 100
Muskatblüte 22, 52, 58, 78, 138, 140
Muskatnuss 30, 32, 36, 40, 46, 52, 56,
    58, 72, 80, 82, 92, 94, 108, 126, 128,
    132

Naan Brot 124
Nelken 44, 94, 130, 140
Nierchen 92, 126
Nussbutter 30, 32, 40, 46, 52, 92, 154
Nussbutterpüree 30, 40, 46, 52, 92
Nüsse 24, 74, 106, 122

Oliven 100, 116
Orangenöl 62
Orangensaft 26, 34, 66, 80, 110, 130
Oregano 118, 179

Parmesan 78, 132
Perlzwiebeln 90, 92, 102
Petersilie 52, 58, 72, 82, 84, 102, 104,
    108, 120, 122, 126, 136, 179, 185
Petersilienpüree 82, 84
Petersilienwurzel 34, 36, 40, 46
Pflaumen 80, 156, 185
Pflaumenknödel 80
Pickles Karotte 88
Pickles Rettich 88
Pickles Sellerie 90
Pilze 32
Pimentkörner 16, 22, 130, 140
Pimpinelle 32, 179
Pinienkerne 116
Pistazien(nocken) 24, 66
Polenta 130, 132
Portweinbirnen 58, 60, 68, 70
Portweinsoße 34, 36, 38, 40, 46
Preiselbeeren 13, 28, 54, 102, 154
Püree 30, 36, 38, 40, 46, 52, 54, 56,
    82, 84, 92, 106, 130, 132

Quinoa 124
Quitten 108, 110

Rahmkohlrabi 126, 128
Reh 13, 52, 61, 68, 70, 163, 165, 175
Rehbolognese 78
Rehessenz 16, 18
Rehfilet 13, 24
Rehfleisch 24, 165
Rehfüllung 72
Rehhack 16, 24, 72, 78
Rehhaxenfleisch 16
Rehleber 18, 32
Rehleberknödel 16, 18
Rehmaultaschen 72, 74
Rehnuss 80
Rehrücken 82, 84
Rehrücken-Kuchen 152
Rehterrine 24, 26

Rettich 88
Rhabarber 148, 158
Rohkostsalate 62, 64
Rollbraten 114
Rosmarin 30, 44, 52, 80, 100, 108, 114,
    116, 118, 126, 134, 136
Rote Bete 30, 62, 120, 130, 132, 148
Rote Bete-Püree 130
Rote Bete-Salat 62
Rotkohl 20, 54, 56
Rotkraut 54, 56

Salat 64, 72, 74, 179
Salatgurke 62, 104
Sauce Béarnaise 36, 38
Sauerampfer 32, 56, 148, 179
Sauerbraten 94, 96, 99
Sauerkraut 42, 52
Saure Nierchen 92
Schalotte 26, 28, 32, 34, 36, 38, 40, 42,
    44, 46, 52, 68, 72, 74, 82, 92, 102,
    104, 114, 120, 122, 124, 126
Schalottenmarmelade 44, 46, 104
Schinken 22
Schlehen 156
Schnitzel 64
Schokolade 68, 146, 148, 185
Schupfnudeln 126, 128
Schweinebauch 52
Schweineblut 122
Sellerie 18, 62, 68, 70, 78, 90, 136, 177
Senfkraut 92, 179
Senfsaat 62, 88, 90, 140
Sesamkörner 118
Sezuanpfeffer 130
Spaghetti mit Rehbolognese 78
Spareribs 118
Spargel 30, 108, 110
Speck 24, 52, 54, 56, 58, 72, 104, 114, 126
Speckknödel 58, 60
Specksauerkraut 52
Spitzkohlsalat 114
Staudensellerie 16, 136
Steinklee 28, 106, 179, 181
Sternanis 20, 22, 24, 32, 34, 40, 44,
    54, 60, 66, 70, 88, 90, 94, 102, 110,
    122, 124, 130, 140, 156
Suppengrün 34, 36, 40, 46, 54, 58, 68,
    88, 94, 106, 108
Süßholz 32
Süßkartoffelpüree 32

Tabasco 90
Taube 20, 34, 36, 44, 46, 167
Taube „Berliner Art" 44
Taubenbeine 44

Taubenbrust 20, 34, 44, 46
Taubenfüße 36, 38
Taubensticks 20, 44, 46
Taubnessel 181
Thymian 28, 44, 46, 68, 80, 88, 100,
    104, 114, 116, 118, 122, 126, 134, 136
Tomaten 104, 116, 120
Topfenknödel 154
Trauben 40, 42
Trockenfrüchte 24, 114

Vanilleeis 144, 156
Vanillestange 34, 66, 144, 150, 154
Vinaigrette 26, 90
Vogelmiere 46, 150, 154, 181

Wacholderbeeren 16, 22, 24, 34, 36,
    40, 42, 46, 52, 58, 78, 88, 90, 94,
    102, 108, 130, 136, 138, 140, 163
Waldmeister 158, 181
Walldorfsalat 62
Walnüsse 24, 74
Weißkohl 64
Wildbratwurst 52
Wildentenbrust 130, 132
Wildentenkeule 134
Wildfond 16, 36, 54, 58, 68, 72, 78, 80,
    88, 106, 108, 114, 118, 122, 136
Wildgewürz 18, 20, 28, 54, 64, 68, 80,
    106, 108, 116, 126, 140
Wildkräuter 26, 32, 56, 66, 70, 106, 177
Wildkräutersalat 24, 26
Wildschweinburger 104
Wildschweinhack 104
Wildschweinhaxen 106
Wildschweinkeule 22, 108, 110
Wildschweinleber 102, 171
Wildschweinpatties 104
Wildschweinrollbraten 114
Wildschweinrücken 116
Wildschweinschinken 22
Wildschweinschulter 114
Wildschwein-Spareribs 118
Wildsoße 66, 82, 92, 120, 126, 128, 136
Wirsing 94, 96

Zimtblüten 44, 138, 140
Zitrone 30, 62, 64, 72, 82, 84, 158
Zitronengras 84, 120, 124, 134, 148
Zitronenmayo 82, 84
Zitronenmelisse 150, 154, 158
Zucchiniblüte 181
Zwiebel 16, 18, 34, 36, 40, 46, 54, 56,
    58, 68, 78, 88, 90, 94, 102, 104, 106,
    108, 114, 136, 185

ANDERS AUF DEM TURMBERG
Reichardtstraße 22 · 76227 Karlsruhe
Telefon +49 721 41459
kontakt@anders-turmberg.de
www.anders-turmberg.de

Christine Weiland, 1963 in Hamburg geboren. Studium der Theater-, Film- und Fernsehwissenschaften. Seit 1990 freiberuflich als Redakteurin und Autorin für das Fernsehen unterwegs (www.christineweiland.de). Hat das Kochen im Restaurant ihrer Jugendliebe in Vancouver gelernt und rührt seither autodidaktisch weiter in Töpfen und Pfannen (www.blauerhering.de).

Johannes Hucke (geb. 1966), nördlich des Dreieich-Wildbanns der fränkischen Könige zu Frankfurt aufgewachsen, schrieb sich über vier Weinlesebücher (Kraichgau, Südpfalz, Bergstraße, Churfranken), mehrere verfressene Krimis und Romane sowie hunderte Zeitungsartikel an das Thema Kulinarik heran, bevor er für „Cuisine Etoilée" (Lindemanns Bibliothek, 2014) 55 Sterneköche porträtieren durfte. Laut Selbstauskunft bestand sein bislang sensationellster Jagderfolg in einer Plastikrose, die er beim Sommerfest des Reichsgrafen und Marquis zu Hoensbroech schon im dritten Versuch abschoss. Er schenkte sie seiner Mutter.

Lindemanns Bibliothek, Band 268
herausgegeben von Thomas Lindemann

Alle Fotos von Thomas Rebel, www.rebel-shotz.com, außer S. 50: Denise Rebstock; 76: Joachim von Sandrart (1606–1688), „Der November", 1643, Staatsgalerie Schleißheim; 160: Lukasz Lukasik (wikimedia); 170: Byrdyak (iStock, Getty Images); S. 180 (v. l. o.): 1, 2, 4, 5, 6 wikipedia, 3 André Karwath, wikimedia; 188 unten rechts: Gert Steinheimer

Gestaltung und Satz: Cotolemi
Redaktionelle Mitarbeit: Christof Beck (Bildbearbeitung), Stefanie Iwanek, Constanze Lindemann, Brigitte Stocker